型紙いらずの着物リメイク

2Way 楽しめる シャツワンピース

Shirt Dress

松下純子（Wrap Around R.）

CONTENTS

着物リメイクシャツワンピースの特徴

世代を問わず人気のシャツワンピース。
人気の理由は、ワンピース１枚でも、
前開きタイプなら羽織りものとしても活用できること。
さらに、重ね着すれば、パンツ派も楽しめます。
長そでＴシャツやセーター、レギンスなどと組み合わせることで
オールシーズン着られるのもうれしいところ。

また、本書の着物リメイクは
“ほとんどはさみを入れない”のも大きな特徴です。
着物は、基本の幅（前身頃、後ろ身頃、そで）と、
その半分の幅（えり、掛けえり、おくみ）の２種類の幅だけで作られていますが、
この本でも、その２種類の幅を基本にリメイクできるデザインにしました。
だからこそ、大切な着物にほとんどはさみを入れないですみます。

そのうえ

- **直線裁ちと直線縫いだけ**
- **型紙いらずで簡単**
- **すべてフリーサイズ**

と、作り方のルールはとてもシンプル。
お裁縫初心者さんでも失敗することなく簡単に作れます。

「着物を着る機会はなかなかない」けれど「処分するのはしのびない」。
そんな理由から、“たんすのこやし”となってしまっている
大切な着物があったなら、
早速取り出して、新しい命を吹き込んでみませんか？

サイズについて　サイズはＭ～ＬＬサイズに対応するフリーサイズです。仮縫いの状態で一度試着して、自分のサイズに合わせて着物地を足したり、引いたりしてください。

着物リメイクができるまで

1 下準備

着物は、片そでだけをほどき、寸法を測ってからぬるま湯と重曹で洗う（詳細は下記 **3** 参照）。陰干しして、中温でアイロンをあてたら（スチームにしない）再び寸法を測り、洗う前の寸法と洗ったあとの寸法を比較し、縮み具合を確認する。5㎝以上縮んでいたら、残念ながらその着物はリメイクにむきません。3㎝程度の縮みの場合は、もう一度洗って、乾かしてみて、それ以上縮まなければ使えます。

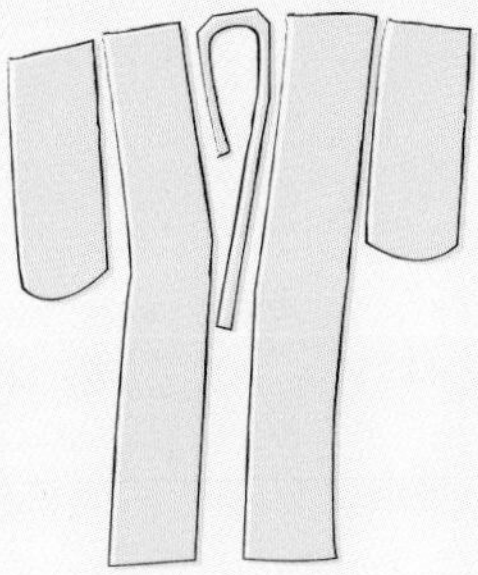

2 着物をほどく

もう片方のそでとえりを身頃からはずし、表地と裏地をはずす。最後に残りの部分を解体。古い着物は縫い糸が布になじみ、糸のすべりが悪くなっているので、引っ張らずに糸切りばさみかリッパーでひと目かふた目ずつ糸を切り、着物地を傷めないように丁寧にほどく。

3 重曹で手洗いする

たらい1杯分のぬるま湯（約30℃）に重曹、液体せっけんを大さじ1ずつ入れてよくかき混ぜる。そこに四角くたたんだ **2** を入れて10分ほどつけ込む（色落ちがはげしい場合は、すぐにぬるま湯から引き上げて、水と重曹、液体せっけんを混ぜたものに5分程度つけ込む）。よくすすぎ、たらい半分の水にクエン酸ひとつまみを入れ、3分ほどつけ、最後に、軽くしぼる。

※環境のためには重曹やクエン酸を使うのがおすすめ。なければ、おしゃれ着用の中性洗剤で水洗いしてもよい。

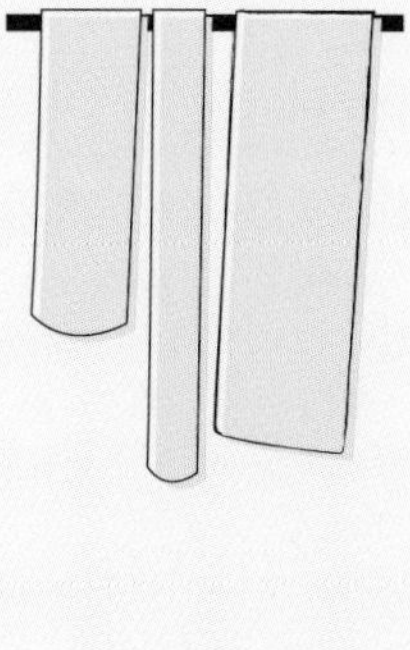

4 陰干しする

ぬれた着物地に軽く中温でアイロンをあてて、しわをのばしてから陰干しする。

5 アイロンをあてる

乾いたら、再度、着物地にあて布をして、中温のスチームアイロンをかけてしっかりのばす。

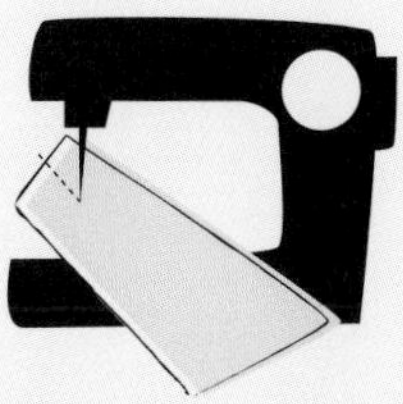

6 裁断し、ミシンで縫って完成！

ウールや厚手の正絹、木綿は縫いやすいので初心者向き。綸子《りんず》などのやわらかい布は、すべりやすく縫いにくいので、まち針を多めに打つなどするとよい。

A1

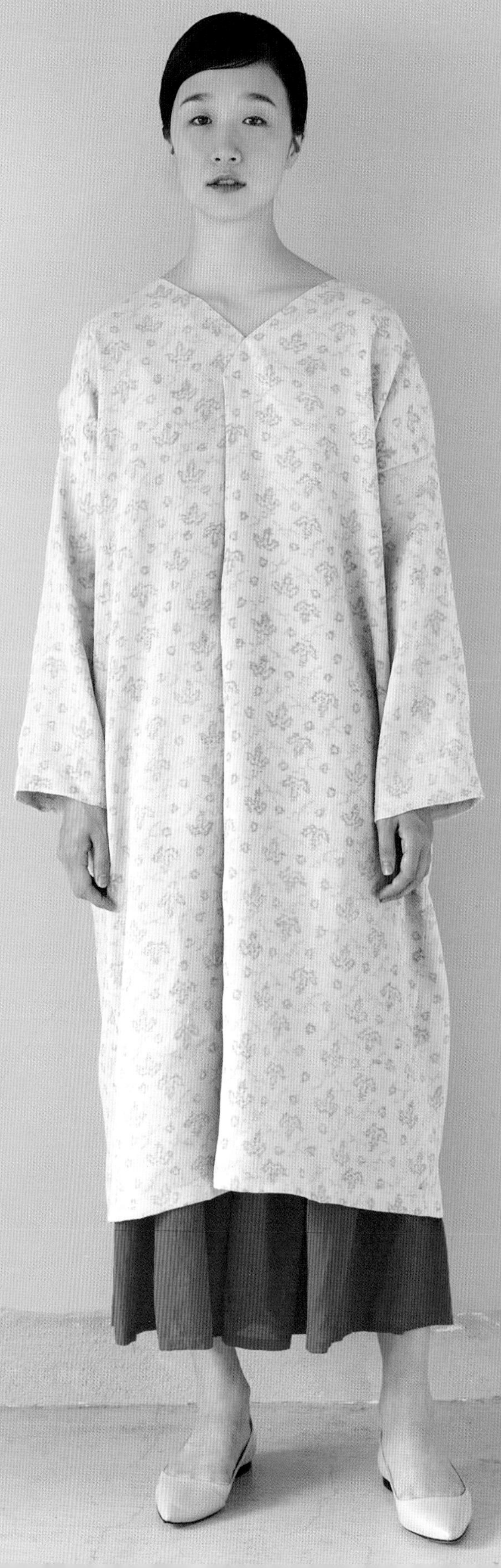

フロントタック

かぶるタイプのシャツワンピース。長方形の着物地の身頃4枚、そで4枚を縫い合わせて作ります。えり元にタックをひとつとることで、シャツ感を出しました。この本でもっとも簡単に作れる1着です。カジュアルなシャツワンピースには小紋柄がよく合います。着丈は105㎝。使用した着物地は正絹。

作り方 P32

A2

フロントタック＆えり

「フロントタック」(P04)にえりをつけ、アレンジしたデザインです。長方形の布で作るえりは、幅を広くしたり、狭くしたりしてアレンジが可能です。えりぐりに、直線で縫いつけるだけでとても簡単。着丈は120㎝と長めなので、脇にスリットを入れて、動きやすくし、バンツなどと合わせやすいようデザインしています。使用した着物地は正絹。

作り方＼P32

B1

ロールカラー&たがえスリット

着物の裏地を使って作りました。かぶるタイプのシャツワンピースです。えり元にギャザーを寄せて長方形に裁って輪にしたえりをつけ、エスニックなデザインにしました。そで口にもえりと同じように輪を縫いつけたそでをつけます。真っ白な布なので、単調にならないよう、身頃の長さを前後で変えています。着丈は前が105㎝、後ろは115㎝。着物地は正絹。

作り方 P35

B2

ロールカラー＆スリット

「ロールカラー＆たがえスリット」(P06)に長そでをつけました。着物地はパリッと張りのある銘仙を使用。着たときにダブついたり、全体のラインが膨らまないようにスリットを深めに入れています。またアオザイをイメージし、着丈を長めの120㎝にしています。着物地は銘仙。

作り方 P35

C1

ループボタン&ノーカラー

前開きタイプのシャツワンピースです。「フロントタック」(P04)と基本のデザインは同じですが、タックをとるかわりに前開きでボタンにしています。ボタン穴は、着物地に穴をあけないようループにしました。ボタンつけが面倒な場合は、3つくらいつけておいて、必要なら、時間と気力があるときに、後からつけ足してもいいでしょう。長さは120㎝。着物地は木綿。

作り方＼P38

C2

スナップボタン＆えり

「ループボタン&ノーカラー」(P08)にえりをつけ、ループボタンをスナップボタンにし、ウエストにリボンを通すアレンジをしたデザインです。シャツワンピースは重ね着し、前を開けて着ることが多いので、内側のスナップは見えてもいいように、シルバーではなく、布にくるまれたタイプのものをおすすめします。えりのつけ方は、本書ではすべて共通です。ウエストのリボンは前で結んだり、後ろで結んだりして楽しんでください。着丈は115㎝。着物地は縮緬。

作り方＼P38

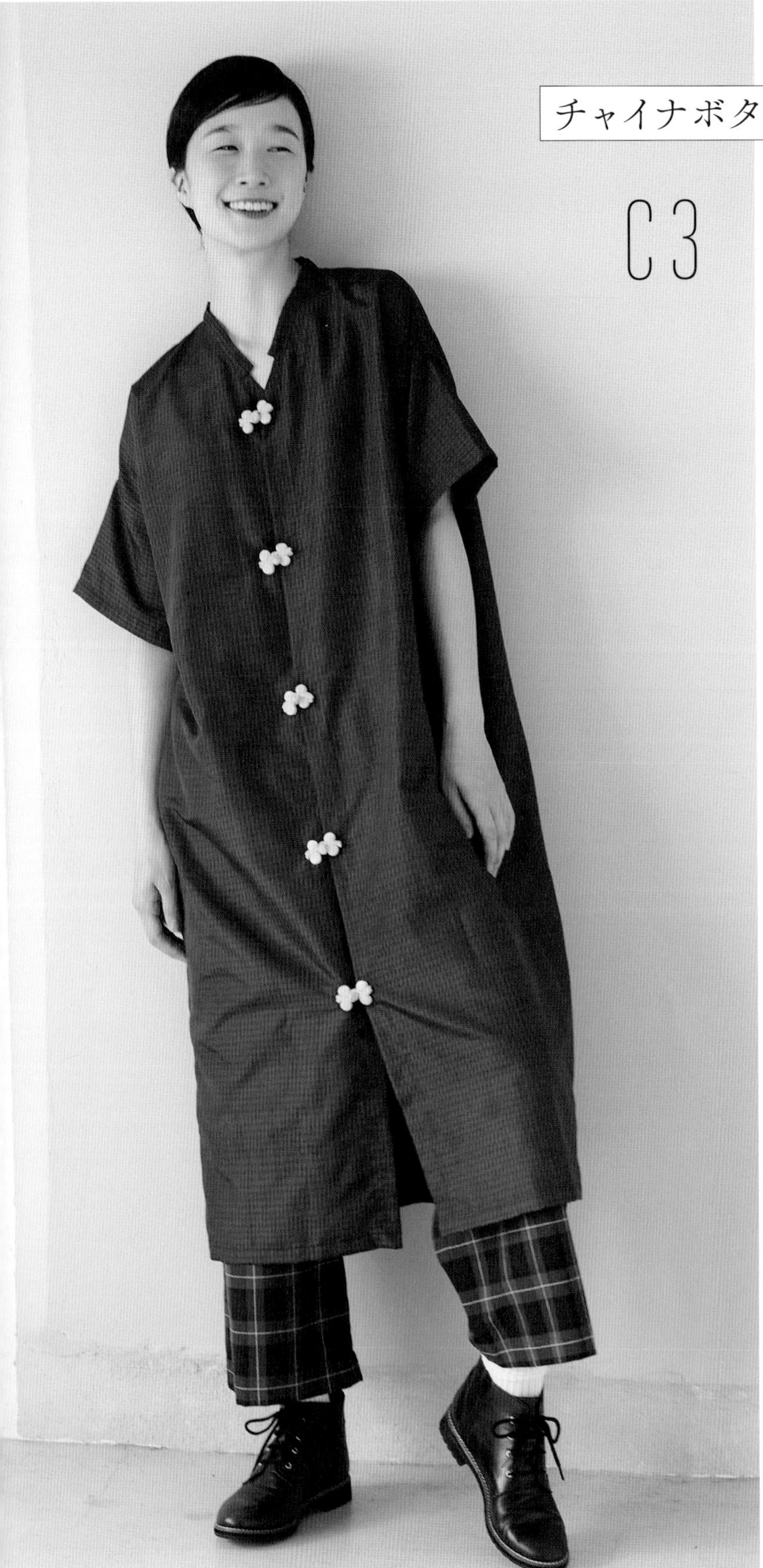

チャイナボタン＆スタンドカラー

C3

「ループボタン&ノーカラー」(P08)をチャイナ服スタイルにアレンジ。幅の狭い長方形のえりをつけてスタンドカラー風に。着物地が、男性用のシンプルなものなので、チャイナボタンをつけて、少し遊んだデザインにしてみました。ボタンはループタイプでもスナップタイプでもお好みでアレンジしてください。着丈は110㎝。着物地は正絹。

作り方＼P41

C4

スナップボタン＆パーカー

「ループボタン＆ノーカラー」(P08)にフードをつけてアレンジ。フードは、長方形の着物地２枚を縫い合わせただけと簡単です。前の開きにはスナップテープをつけました。スナップテープとは、スナップボタンつきのテープのこと。ミシンで縫いつけるだけなので、おすすめ。脇のすそに、縦にゴムを入れて絞り、すそまわりを少し丸いフォルムにしています。着丈は115㎝。着物地は正絹。

作り方 P41

スリットボタン&Aライン

D1

両脇にZ幅の三角布を縫い付けてAラインのシャツワンピースにしました。ボタン穴は、着物地を縫い合わせるときに、ボタン分の間隔をあけて縫うことで、着物地に穴をあけずボタンホールを作っています。細めのえりをつけました。着丈は110㎝。着物地は正絹。

作り方＼ P43

D2

スリットボタン＆Aライン スモール

「スリットボタン&Aライン」(P12)のアレンジです。両サイドにはZ/2 幅の三角布をつけてボリュームをおさえたAラインにしています。えりの幅を広くし、大きめのえりにしました。そでもつけています。着丈は115㎝。着物地は縮緬。

作り方＼ P43

E1

ウエスト オールリボン

前をスナップでとめた、前開きスタイルのシャツワンピース。ウエストの部分にレースを縫いつけてその下にゴムを通したデザインなので、ウエストを絞って着ることができます。そで口にもゴムを入れて、全体的に可愛らしい雰囲気に仕上げました。着丈は115㎝。着物地は縮緬。

作り方＼ P46

ウエスト フロントリボン

E2

「ウエスト オールリボン」(P14)のアレンジです。共布の着物地をウエストに縫いつけ、細いひもを通し、リボン結びにして着ます。また、長方形の布を畳んで袋状にし、脇の内側に縫いつけて「内ポケット」に。この内ポケットは、本書のほかのデザインにも応用できます。着丈は122㎝。着物地は綸子。

作り方 P46

F1

フロントプリーツ&リリースリーブ

上半身の前側だけプリーツを寄せて、胸もとからウエストまでスッキリ見せるデザインです。ヒップ周りはプリーツを寄せないでゆったりしたラインに。そでにもそで山から中央にかけてプリーツをとっているので、そで口がラッパのようにふわっと膨らむフォルムとなっています。ボタン穴はループタイプ。着丈は120cm。着物地は銘仙。

作り方＼ P49

F2

フロントプリーツ＆バルーンスリーブ

「フロントプリーツ＆リリースリーブ」(P16)のアレンジです。そで山からひじにかけて、ラインが1度細くなり、また広がって最後にそで口で絞られるというデザインになっています。ボタンは木製のものを使うことで、ガーリーな雰囲気に。着丈は105㎝。着物地は綸子。

作り方 P49

G1

ラージカラー＆スウィッチング

大きなえりが特徴のかぶりタイプのシャツワンピースです。ウエストの切り替え部分にはギャザーを寄せ、スカートをふんわりさせてフェミニンな雰囲気に。ウエストからバストに向かってはダーツを入れ、胸もとにふくらみをもたせました。背中もVラインになっています。着丈は120㎝。着物地は正絹。

作り方＼ P51

レースカラー＆スウィッチング

「ラージカラー＆スウィッチング」(P18)を、前開きスタイルにアレンジしました。えりには幅の広いレースを使用。えりの幅は好みでアレンジしてください。そで口のやや上にゴムを入れることで、そで口をひらひらさせたのも特徴です。このゴムを入れる位置も好みでアレンジしてください。着丈は110㎝。着物地は正絹。

作り方＼ P51

G2

H1

ギャザードネック＆スウィッチング・リボン

共布の着物地でひもを作り前で結ぶタイプのシャツワンピースです。ウエスト部分にギャザーを寄せて、ボトムスを少しふんわりさせました。えりぐりにもギャザーを寄せることで胸もとがV字に開くようにしています。着丈は110㎝。着物地は木綿。

作り方＼ P58

H2

ギャザードネック＆スウィッチング

「ギャザードネック&スウィッチング・リボン」(P20)のアレンジです。この華やかな柄をいかしたくてロング丈にしました。前の合わせはスナップボタンでシンプルに。そで口にはタックを入れて、少し絞っています。着丈は120㎝。着物地は正絹。

作り方 P58

I1

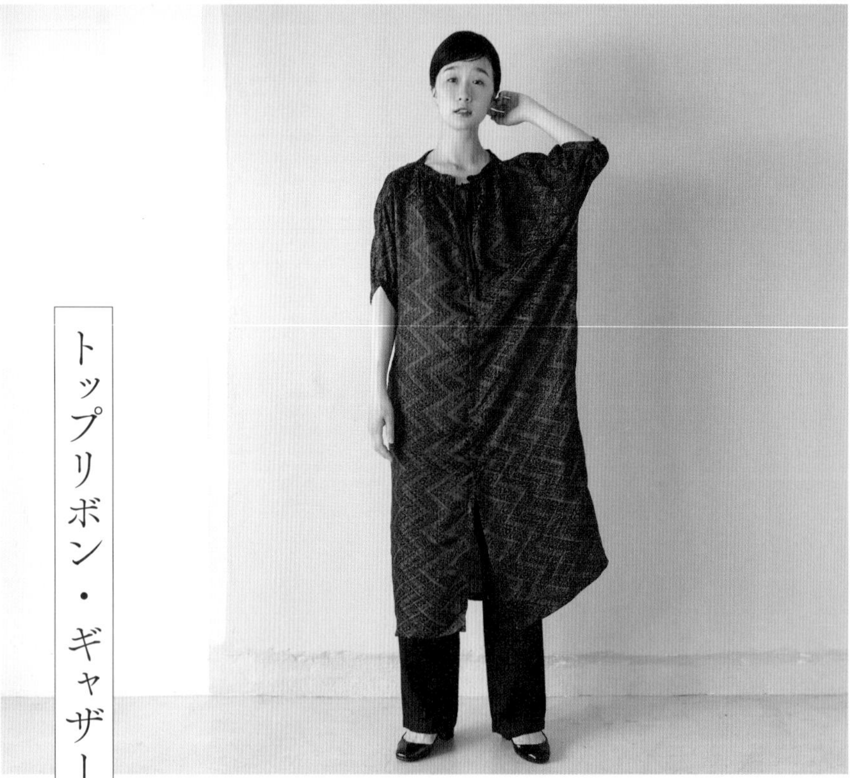

トップリボン・ギャザードネック

えりぐりの前の部分と後ろの中央にギャザーを寄せ、えりは幅の狭いスタンドカラーにした、えり元が特徴的なデザインです。リボンをつけて、胸元を開けたり、絞ったりして着こなしを楽しんでください。そで口は絞ってカフスをつけています。着丈は110㎝。着物地は正絹。

作り方 P60

12

トップループボタン・ギャザードネック

「トップリボン・ギャザードネック」(P22)のアレンジです。着物地が無地なので、単調なイメージにならないようすそにスリットを入れ、中のボトムの違う色が見えるようにしました。そで口を絞ってカフスをつけているのは同じですが、そで丈を長くし、そで口のカフスの幅は太くしています。ちょっとした変化ですが、イメージがだいぶ変わります。着丈は120㎝。着物地は綸子。

作り方＼P60

J1

ショルダーヨーク＆ストレートスリーブ

夏の薄手の着物地、絽を使いました。肩と背中の部分にヨーク（切り替え用の布）を入れ、動きやすいデザインにしました。肩の下あたりにギャザーを寄せることで少し華やかなイメージに。前はループとボタンでとめるスタイルです。脇にはスリットも入れています。着丈は105㎝。着物地は絽。

作り方＼P55

「ショルダーヨーク&ストレートスリーブ」(P24)のアレンジです。フェミニンなピンク地の着物を選んだので、そで口にタックをとって、そで全体に丸みをつけ、可愛らしいフォルムにしました。すそにスリットは入れていません。ボタンはアクセントになるような銀色を選びました。着丈は110㎝。着物地は正絹。

作り方 P55

J2

ショルダーヨーク&タックドスリーブ

ショルダーヨーク＆ギャザードスリーブ・リボン

作り方＼ P55

「ショルダーヨーク&ストレートスリーブ」(P24)のアレンジです。背中のヨークの切り替え位置とそで山にギャザーを寄せ、全体的にふんわりしたフォルムに。余った着物地でベルトを作りました。ウエストに巻いたり、ヘアーバンドとして使っても。着丈は115㎝。着物地は縮緬。

K1

ティアード シングル

基本的な作り方は「ショルダーヨーク＆ストレートスリーブ」(P24)と同じです。身頃に切り替えの着物地をつけて、ギャザーを寄せ、ティアードスカート風にしています。縞模様の着物を使っていますが、身頃は縦縞に、フリルの部分は横縞にして組み合わせることでデザインにアクセントをつけました。着丈は115㎝。着物地はウール。

作り方＼P62

K2

ティアード ダブル

「ティアード シングル」(P28)のスカートの段をもう1段増やしてアレンジしました。そで口にタックを入れ、カフスをつけ、そでをふんわりさせています。「ティアード シングル」のカフスの幅は広めですが、こちらは狭めにしています。着丈は121㎝。着物地は正絹。

作り方＼P62

着物リメイクQ&A

Q 使わないほうがよい着物地はありますか？

A 縮みがはげしい、絞りの着物はあまりむきません。

洗った際の縮みがはげしいため、絞りは洋服のお仕立てにはあまりむきません。小物などに使うといいでしょう。また、すそやえりぐりなどの力のかかる部分の布は縦横に引っぱって、強度を確かめてから使いましょう。

Q 裁縫が苦手でまっすぐ縫えません！

A マスキングテープを利用しましょう。

写真のように、ミシンの針が落ちるところから、縫い代の分1cm離れたポイントに、5cm長さのマスキングテープを貼り、そのラインに沿って着物地を置いて縫うと、縫い代1cmでまっすぐ縫うことができます。

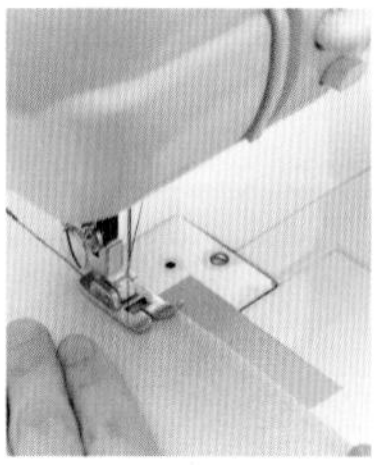

Q どんな道具が必要ですか？

A 特別な道具はほとんどいりません。

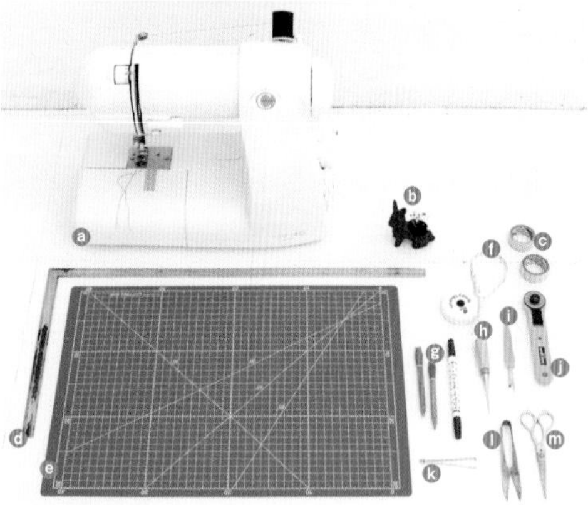

ⓐミシン
ⓑ針と針さし
ⓒマスキングテープ
ⓓ直角定規
ⓔカッティングマット
ⓕメジャー
ⓖチャコペンシル
ⓗ目打ち
ⓘリッパー
ⓙロータリーカッター
ⓚゴム通し
ⓛ糸切りばさみ
ⓜ手芸ばさみ

これらがあれば完璧です。ⓓⓔⓙはなくても作れますが、着物地を扱うには、あるととても便利です。

Q しみのある着物をうまく使うには？

A 内側や折り返す部分に使うといいでしょう。

小さなしみや日焼けがある着物を使う場合は、汚れが表から見えない内側や折り返し部分にくるようにしましょう。

Q 裁断したら、どの部分に使うものかわからなくなってしまった！

A マスキングテープで印をつけておくと便利です。

マスキングテープに、「前身頃」など各名称を書いて、布の表に貼っておくといいでしょう。柄の上下もこうすると見分けられます。

Q ロータリーカッターで布を上手に裁つコツは？

A 下から上に！

写真のように着物地に直角定規を置いて、自分から見て下から上に、一気にロータリーカッターをすべらせると、きれいに布が裁てます。

Q 脇の縫い合わせが、ぐしゃぐしゃになってしまいます！

A 縫い代を縫わないようにしましょう。

よくある失敗がこれ。布を直角に縫い合わせるとき、縫い代の端まで縫ってしまうと布がつれてしわになり、見栄えの悪い仕上がりに。写真のように縫い代の手前で縫いとめ、縫い代を倒してから、また縫い始めましょう。

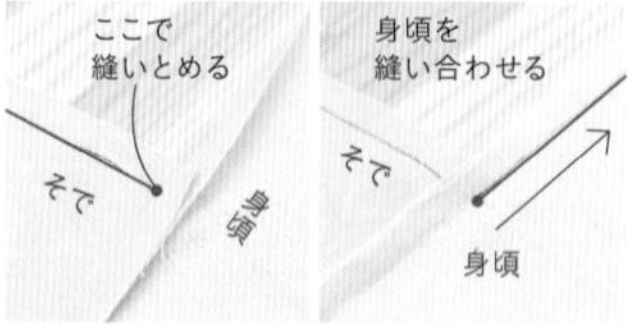

Q 着物を広げて裁つ場所がありません！

A 二つ折りにして裁てばOK。

長い布を裁つときは、写真のように、布を二つ折りにして裁断すれば、半分のスペースでOK。

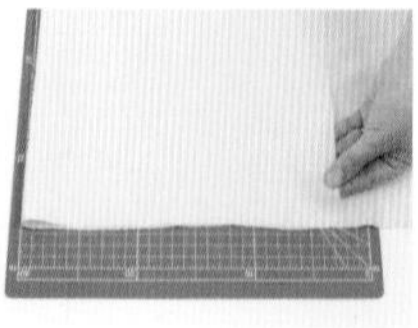

作り始める前に

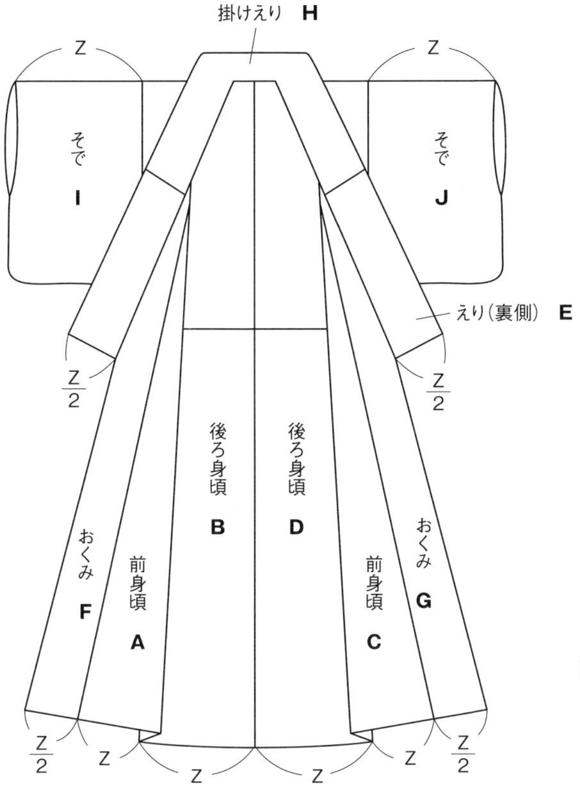

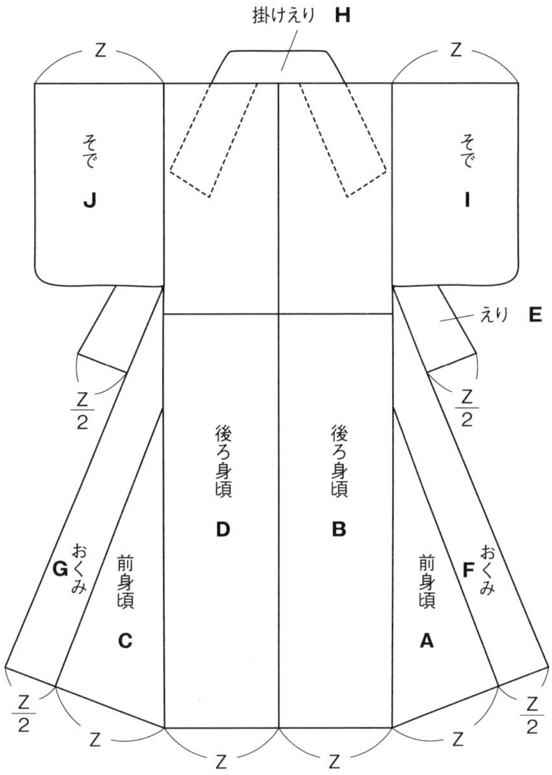

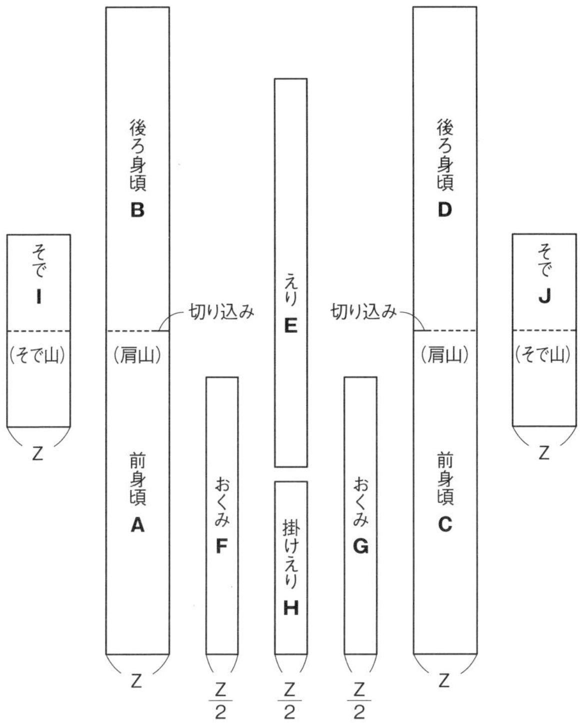

着物の標準サイズ

- 着物の布幅をZとする。えりやおくみは$\frac{Z}{2}$とする。
- 単位＝cm。
- Z＝約36cm。
- 作品のサイズはフリーサイズ（詳細はP2参照）。

※大人服と子ども服を両方とも作る場合、着物1枚分の生地をほぼ使います。着物の丈によっては指定した部位の生地では足りずに、他の部位で調整する場合も出てくるため、今回、作り方ページの製図に、着物の部位を示すアルファベットは入れていません。

注意！

- まれに、えり、掛けえり、おくみの幅が、前身頃などの布幅の半分以上や以下の場合もあるので、作る前に、念のため、えり、掛けえり、おくみが半分の幅になっているか確認すること。幅が広い場合は、$\frac{1}{2}$の幅に切っておく。
- また、指定された部分の布の長さが足りなかったり、大きなしみがついていて使えない場合は、同じ寸法がとれる他の部分を使う。

P32以降［作り方解説］の共通ルール

- 耳以外の布端の処理は、ほつれないようにロックミシン、またはジグザグミシンをかけておく。作り方の図では省略している。※三つ折りにするところはかけなくてよい。
- 縫い糸はすべて、強度が強く縫いやすい、ポリエステルのミシン糸がおすすめ。

A1 (あ)フロントタック　作品＼P04

A2 (い)フロントタック＆えり　作品＼P05

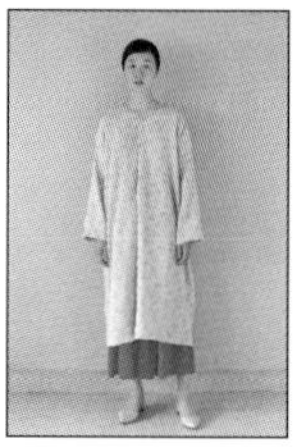

A1(あ)

A2(い)

材料
着物…1枚
1.2㎝幅の伸びどめ接着テープ…50㎝

胸囲140㎝
[掲載作品Z＝37㎝の場合]

作り方　＊布端の処理はP31を参照

1. 前後中心をそれぞれ縫う
2. 前えりぐりを作る
3. 肩を縫う
4. そでを作る
5. 脇を縫う
6. そでをつける
7. すそを始末する
8. (い)のみ、えりを作り、つける

●製図　単位＝㎝　Z＝着物の布幅

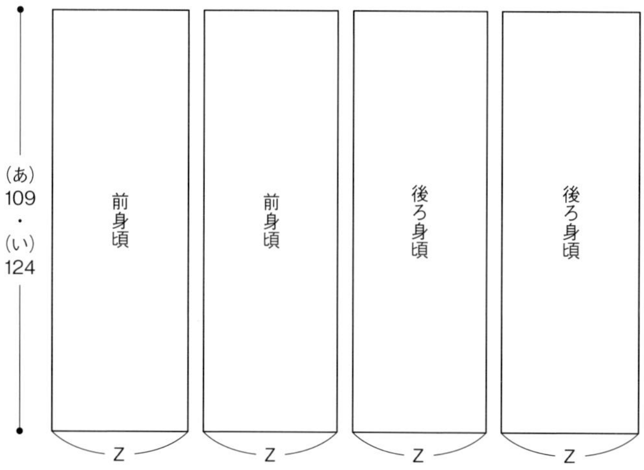

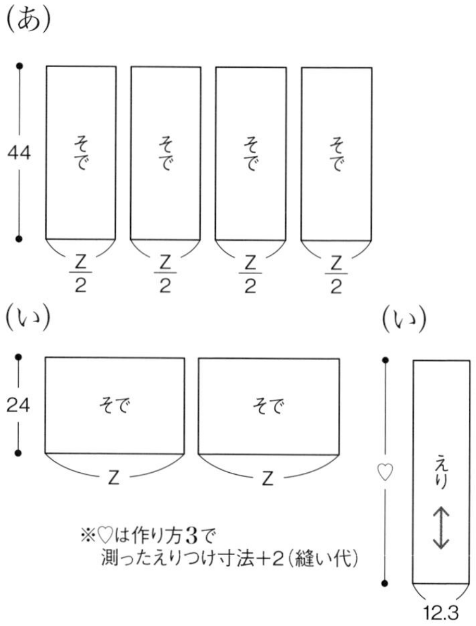

●でき上がり図

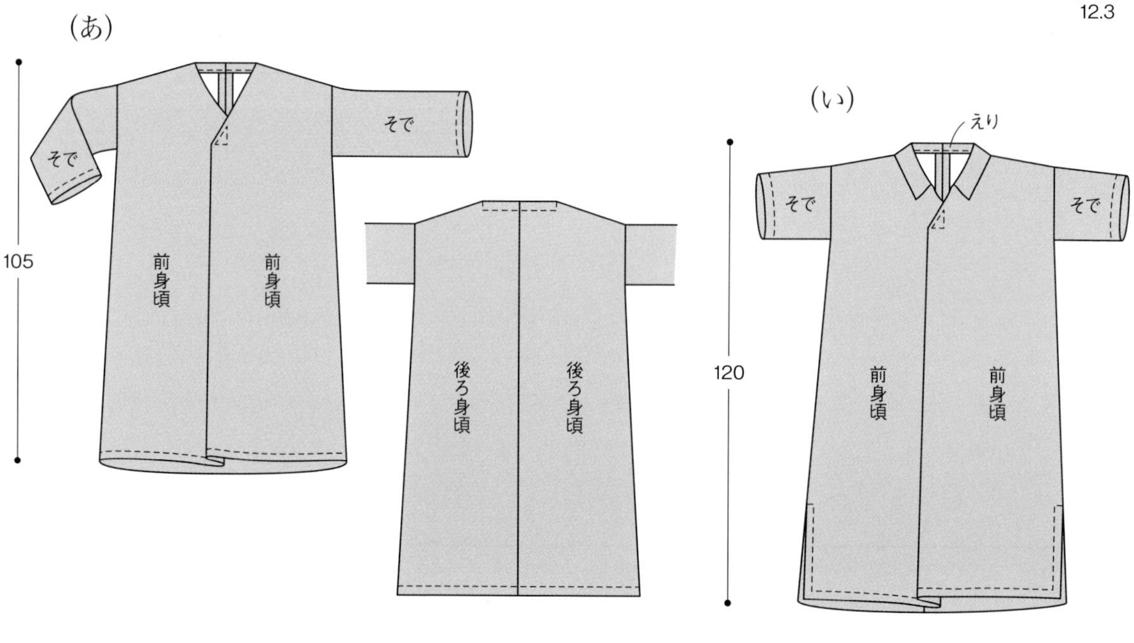

1.前後中心をそれぞれ縫う

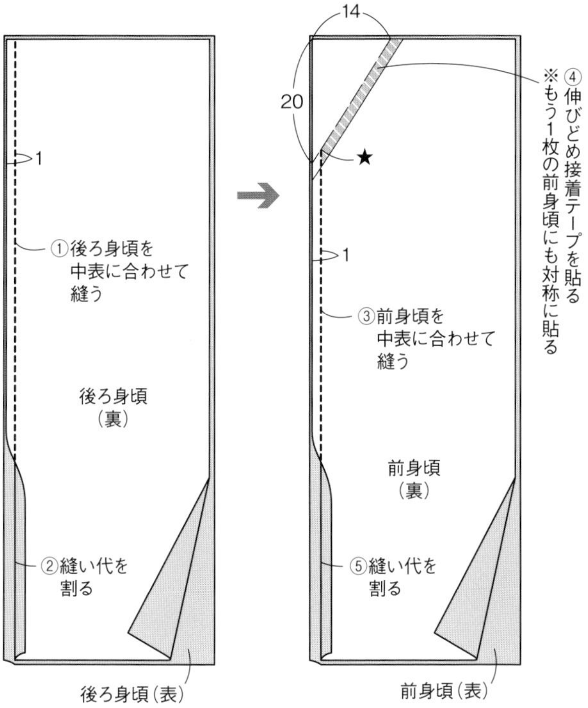

2.前えりぐりを作る

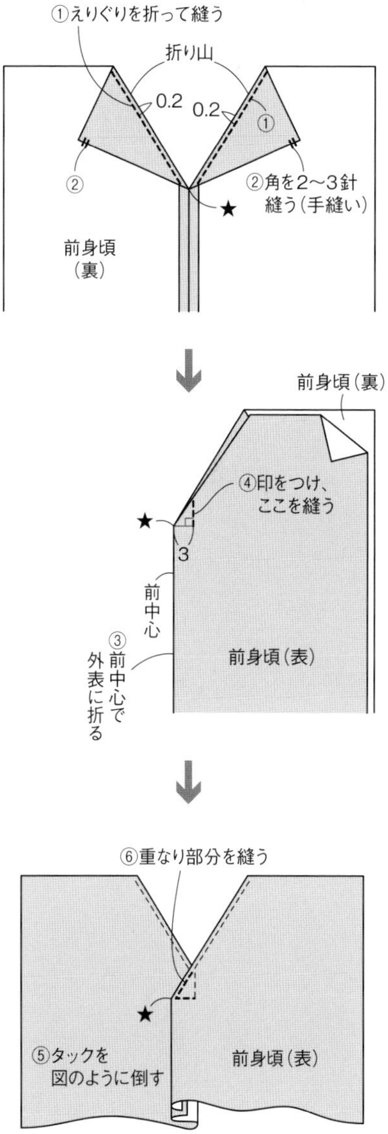

3.肩を縫う

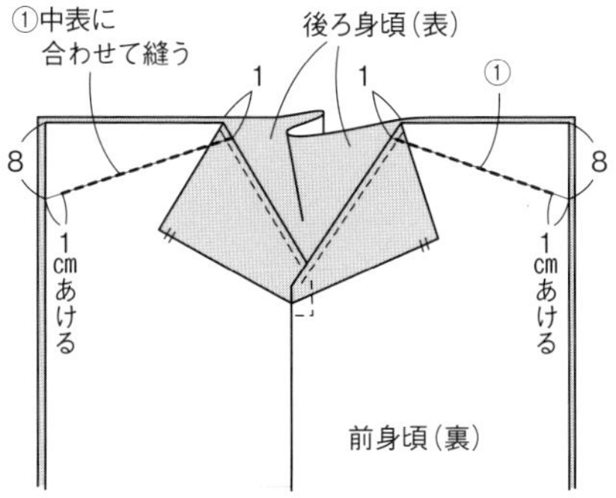

(あ)　(い)

(い)の場合

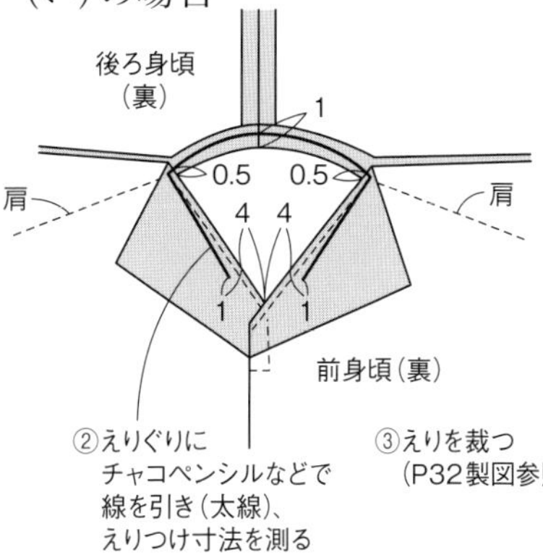

(あ)の場合

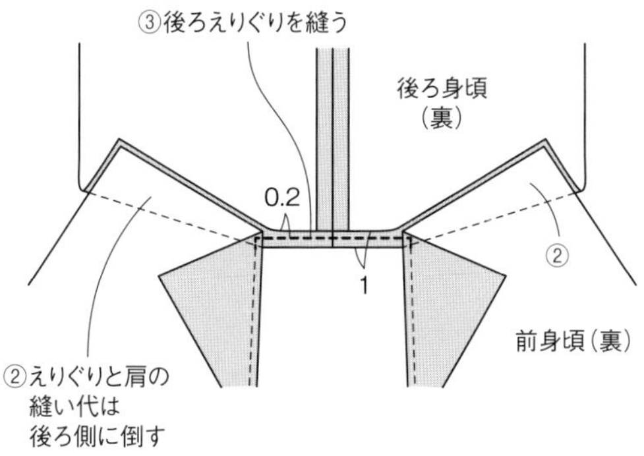

4.そでを作る

(あ)の場合　(い)の場合

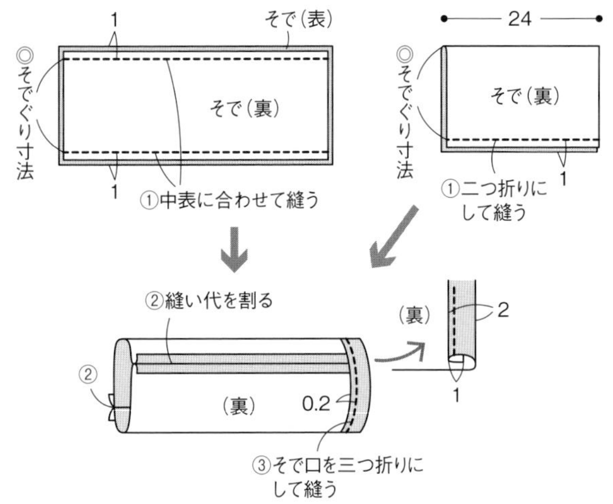

5.脇を縫う

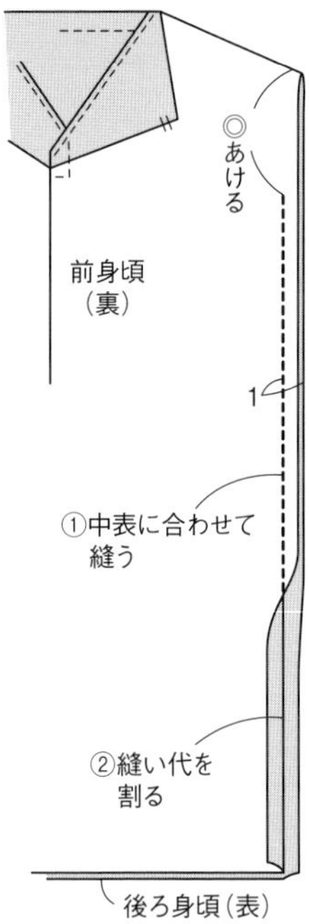

(い)の場合

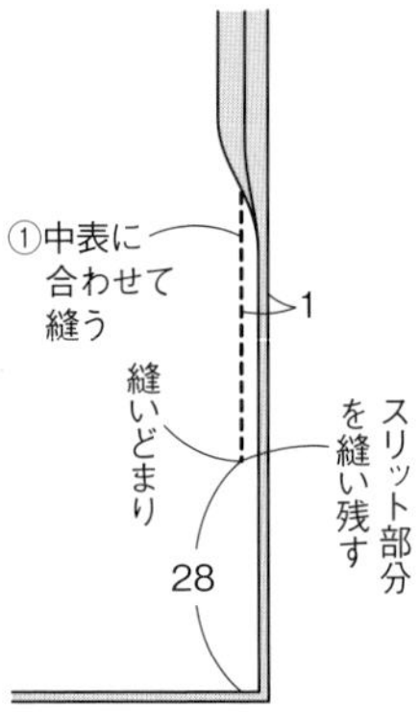

6.そでをつける

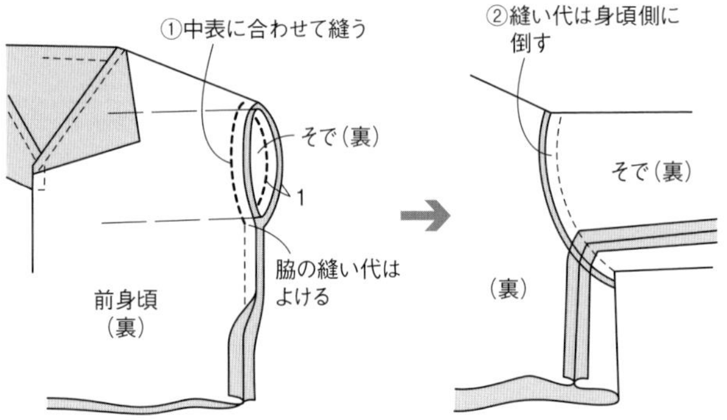

7.すそを始末する

(あ)の場合　(い)の場合

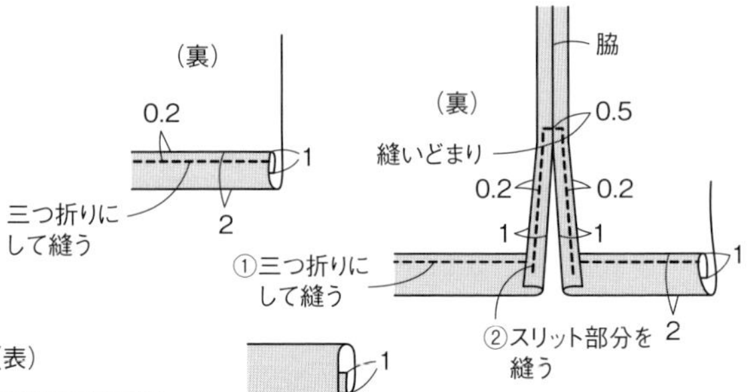

8.(い)のみ、えりを作り、つける

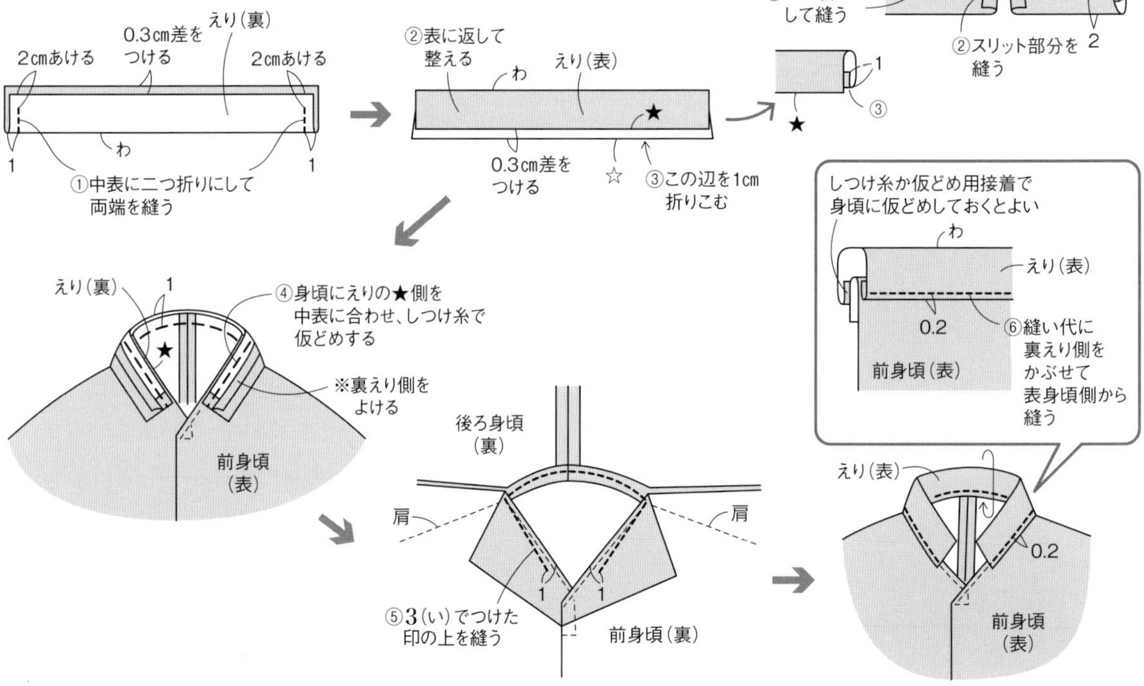

B1 (あ)ロールカラー & たがえスリット

B2 (い)ロールカラー & スリット

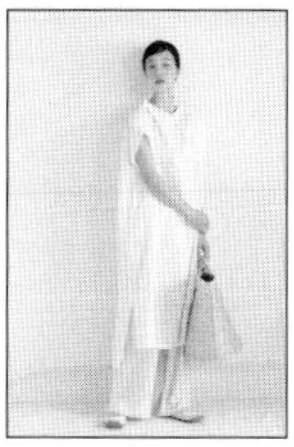

B1(あ)

B2(い)

材料

着物…1枚

胸囲140㎝
［掲載作品Z＝37㎝の場合］

作り方　＊布端の処理はP31を参照

1 前後中心をそれぞれ縫う
2 肩を縫い、えりぐりを作る
3 そでを作る
4 脇を縫い、すそを始末する
5 そでをつける
6 えりを作り、つける

●製図　単位＝㎝　Z＝着物幅

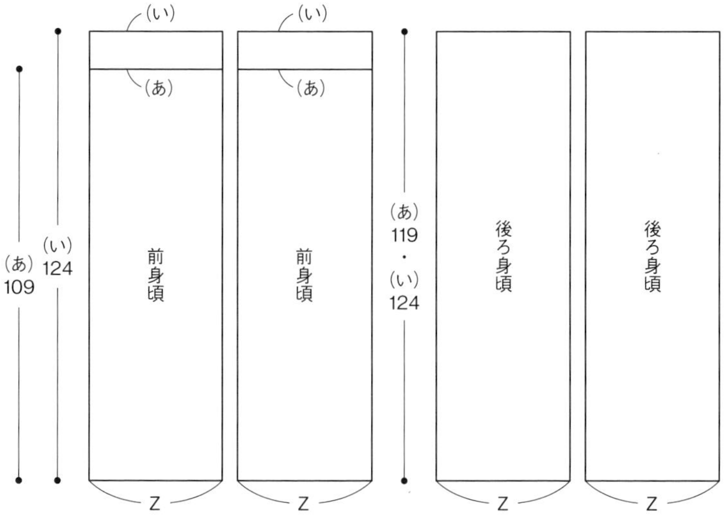

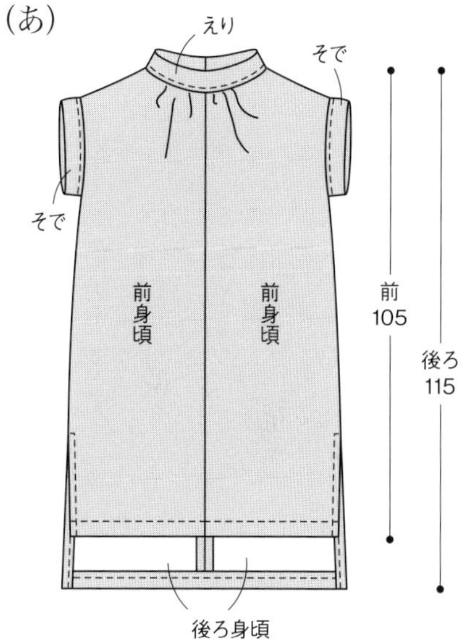

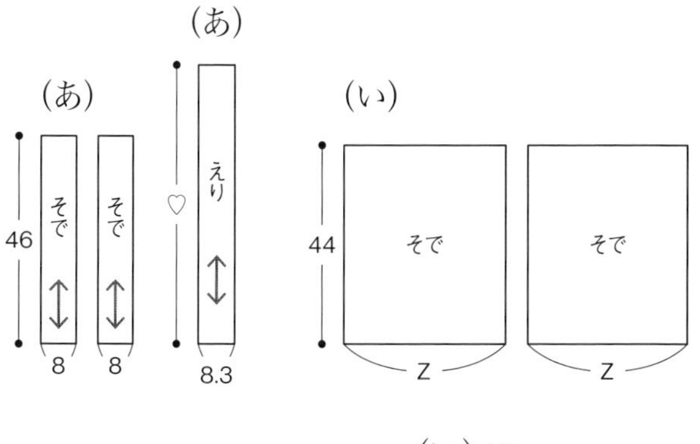

※♡は次ページの作り方2で測った
えりつけ寸法+2(縫い代)

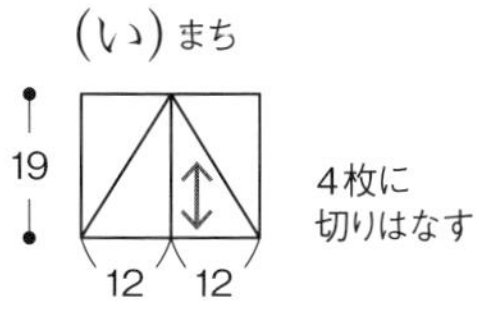

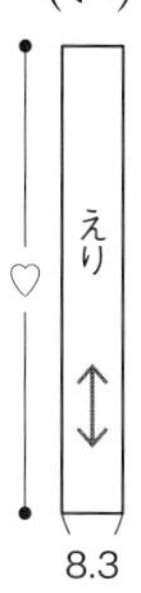

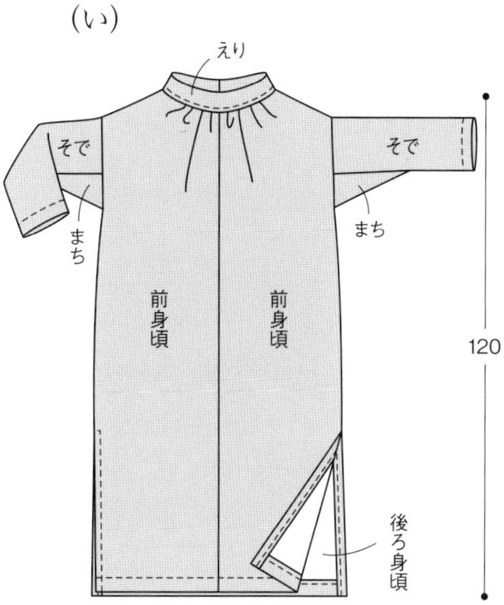

1.前後中心をそれぞれ縫う

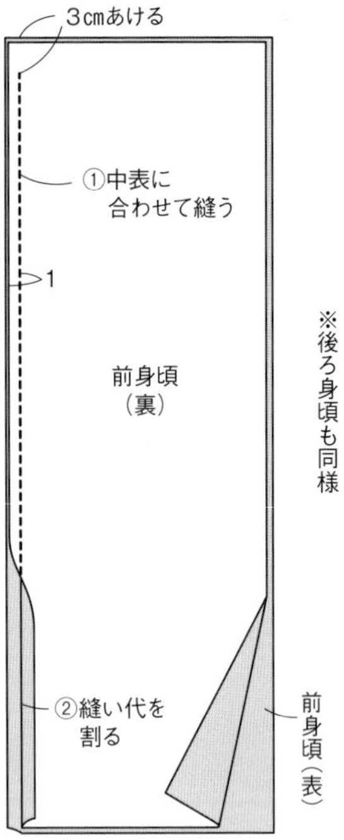

2.肩を縫い、えりぐりを作る

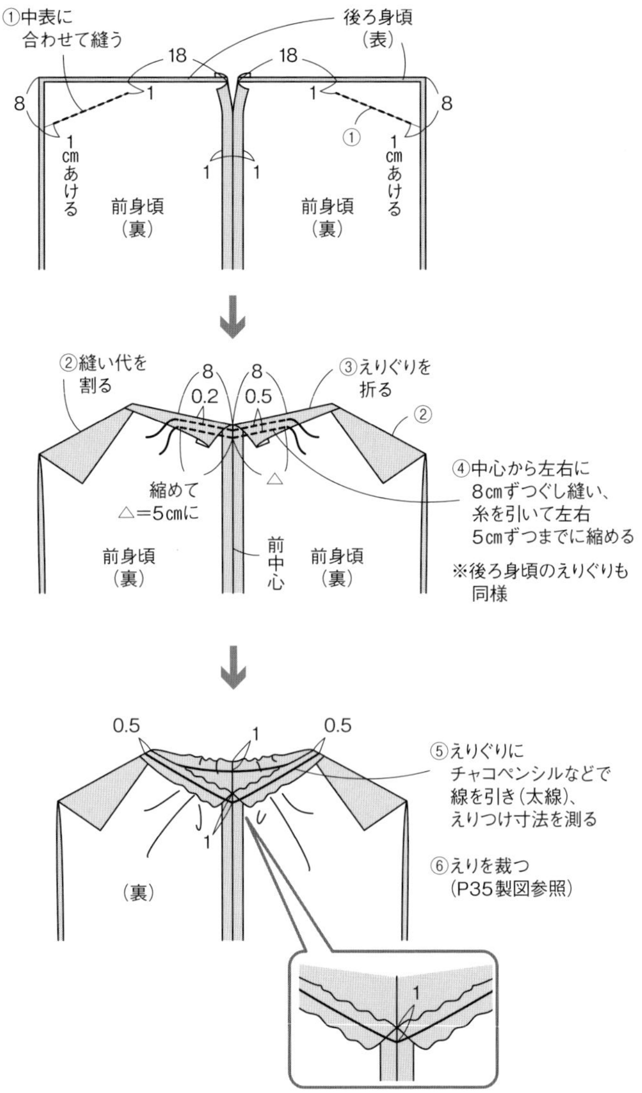

3.そでを作る

(あ)の場合

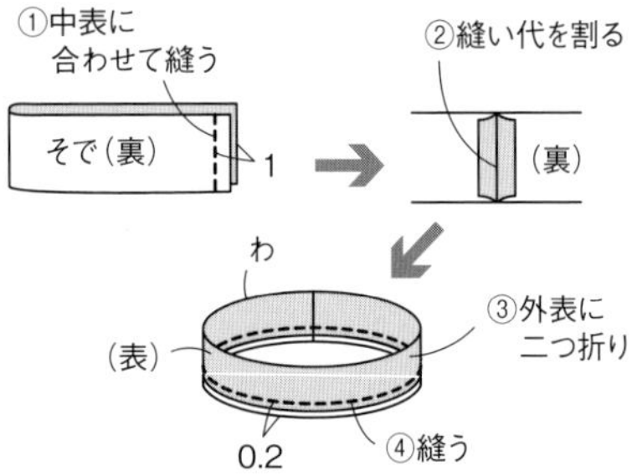

(い)の場合

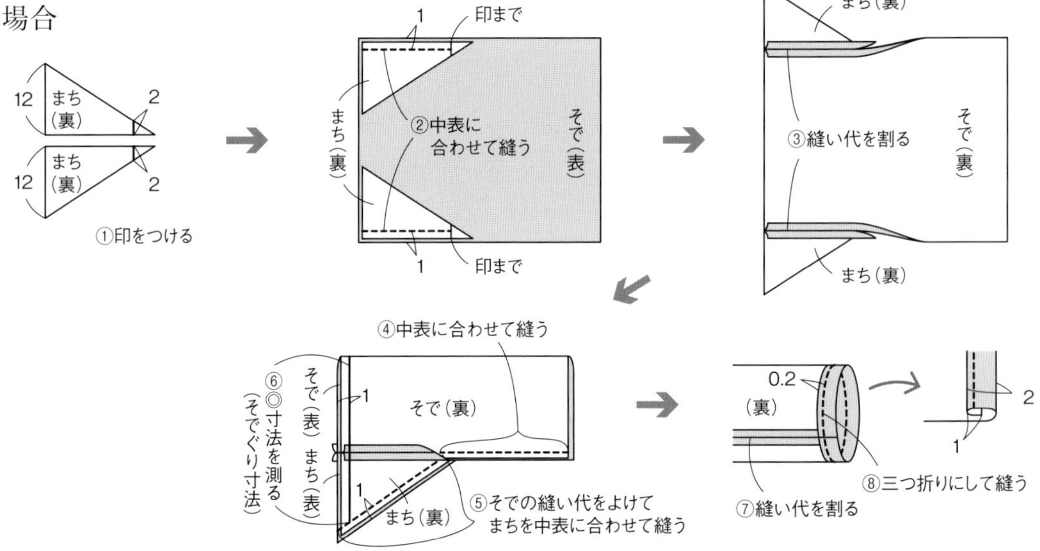

4.脇を縫い、すそを始末する

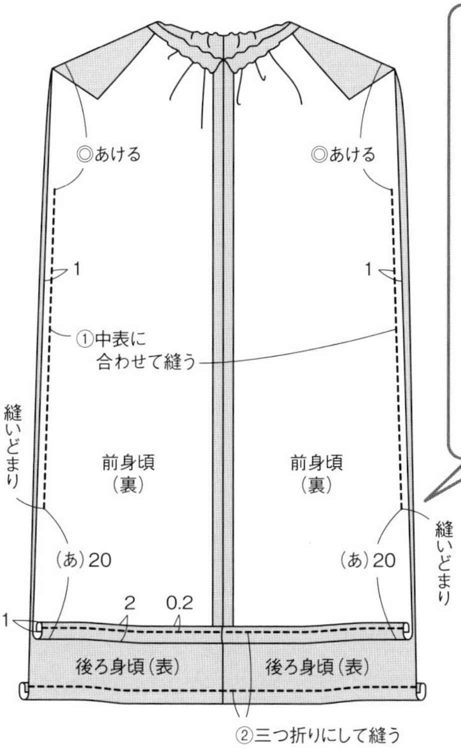

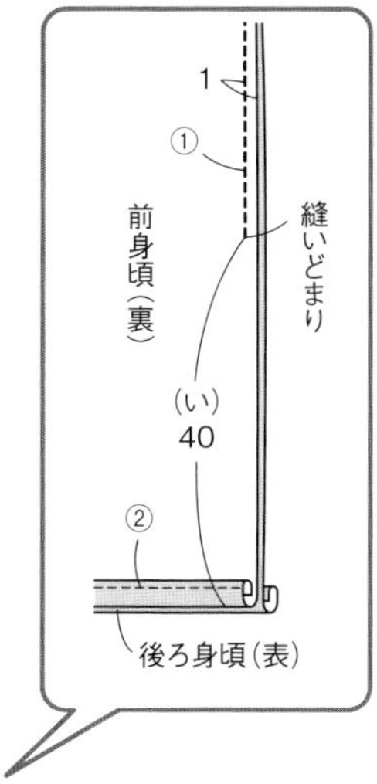

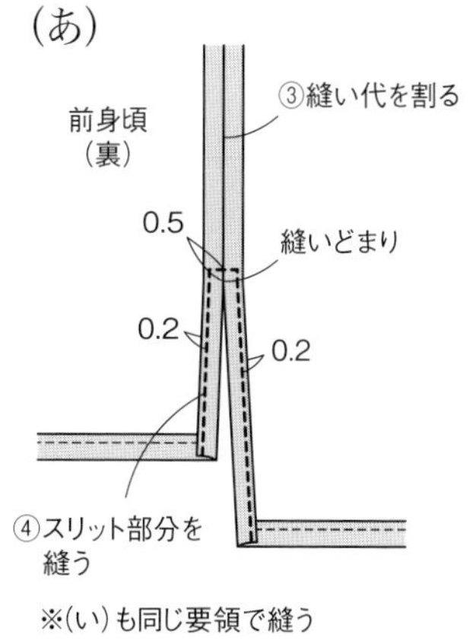

5.そでをつける

（あ）の場合

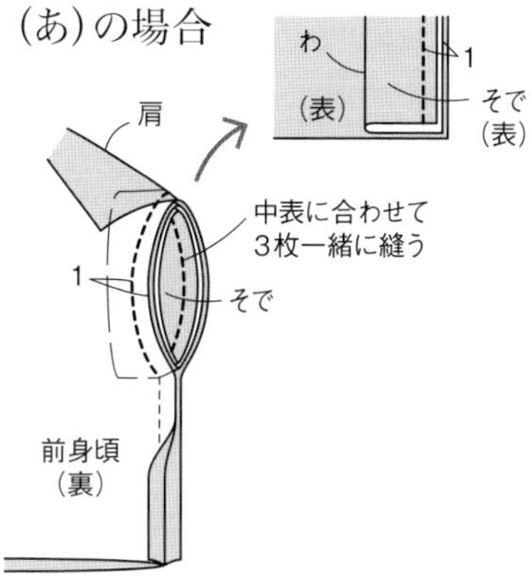

（い）の場合

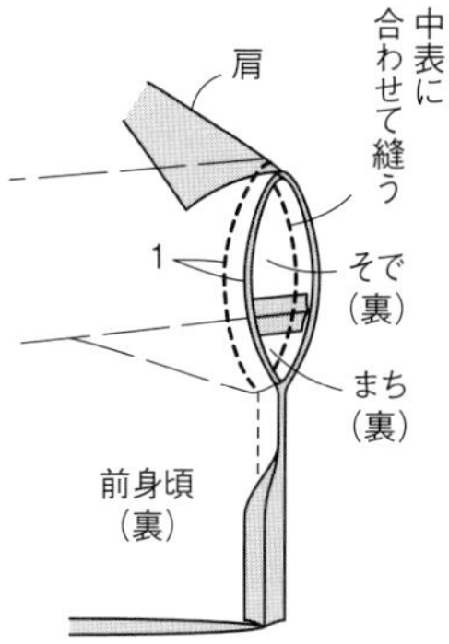

6.えりを作り、つける

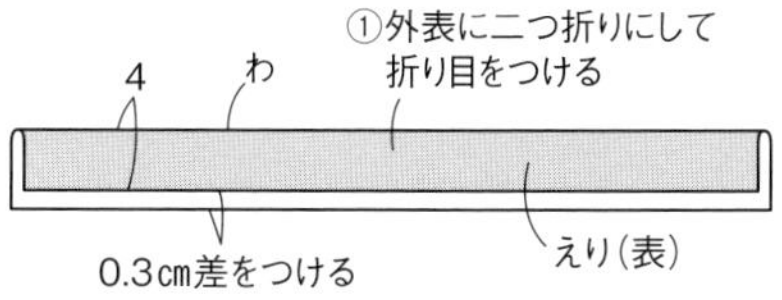

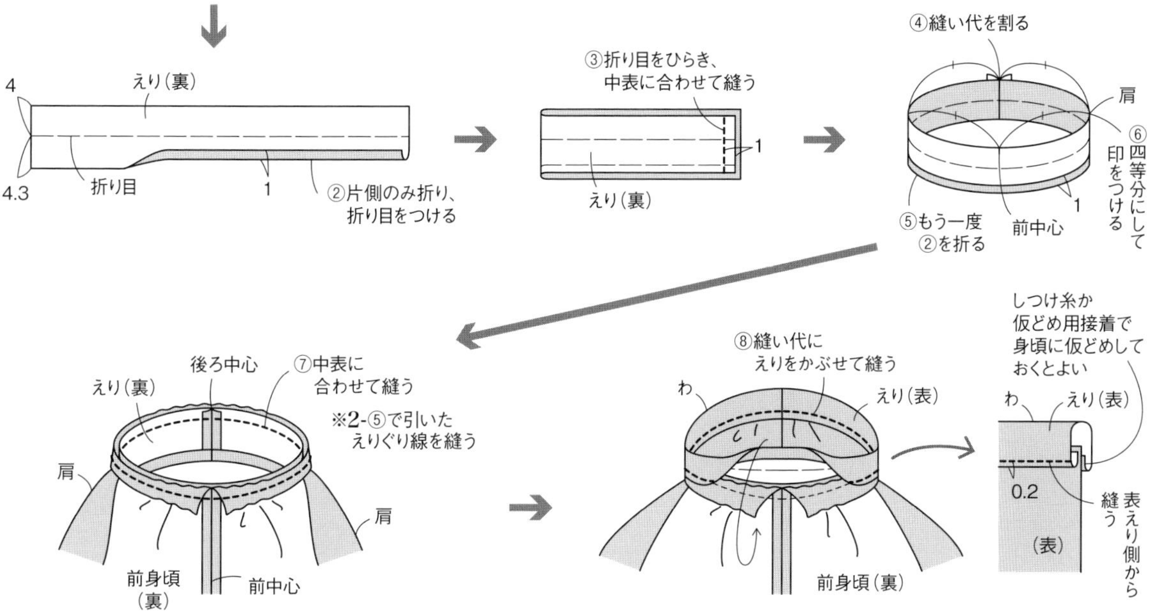

C1 (あ)ループボタン＆ノーカラー
作品 P08

C2 (い)スナップボタン＆えり
作品 P09

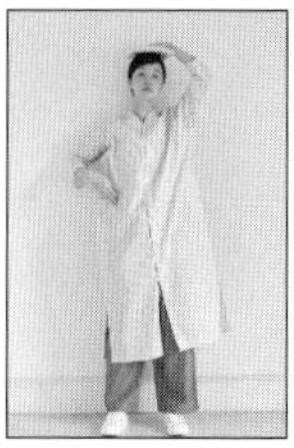
C1(あ)

C2(い)

材料

着物…1枚
(あ)
直径1.2cmのボタン…9個
内径1.2cmのループ…9個
1.2cm幅の伸びどめ接着テープ…50cm
(い)
直径1.2cmのスナップボタン…9組
直径1.2cmボタン…2個
内径1.2cmのループ…2個
1.2cm幅の伸びどめ接着テープ…50cm

胸囲(あ)129cm　(い)141cm
[掲載作品(あ)Z＝36cm
(い)Z＝39cmの場合]

作り方　＊布端の処理はP31を参照

1 前身頃の中央を始末する
2 後ろ中心を縫ってタックを作り、すそを始末する
3 肩を縫い、えりぐりを始末する
4 そでを作る
5 (い)のみ、カフスを作り、つける
6 脇を縫い、スリットを作る
7 そでをつける(P34の6参照)
8 (い)のみ、えりを作り、つける(P34の8参照)
9 (あ)ポケットを作り、つける
(い)リボン通しをつけ、リボンを作る
10 (あ)ループとボタンをつける
(い)スナップボタンをつける
(でき上がり図参照)

●製図　単位＝cm　Z＝着物の布幅

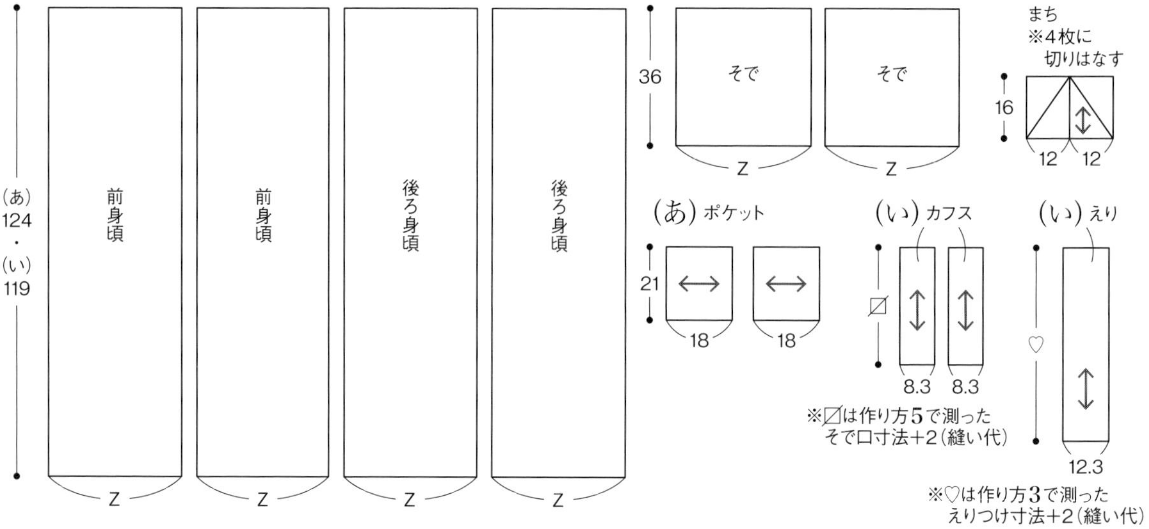

●でき上がり図

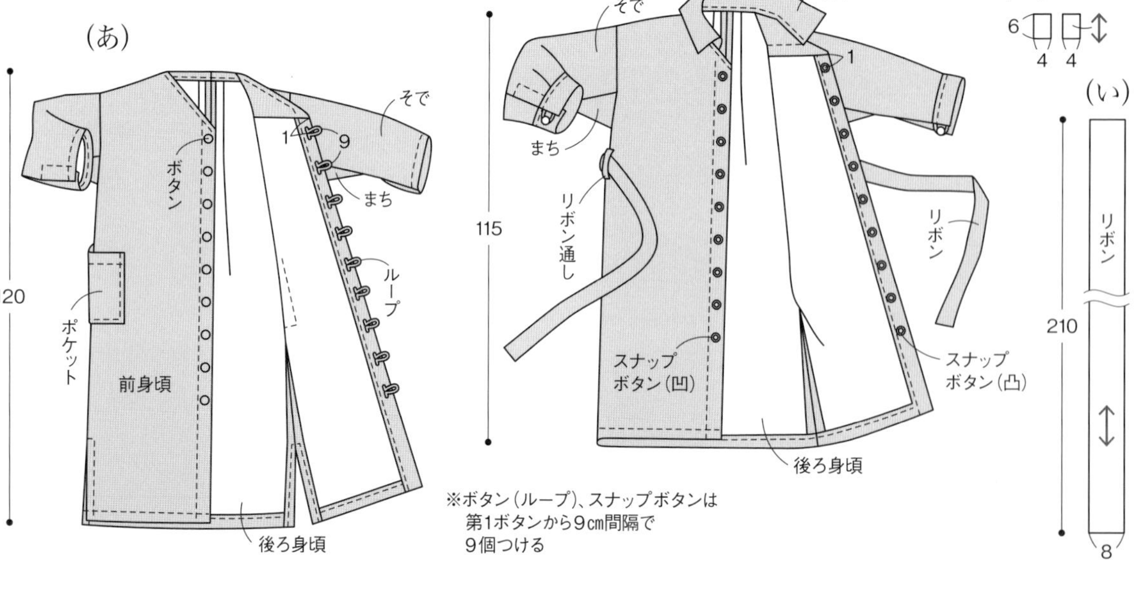

1.前身頃の中央を始末する
※(あ)のみすそを始末する

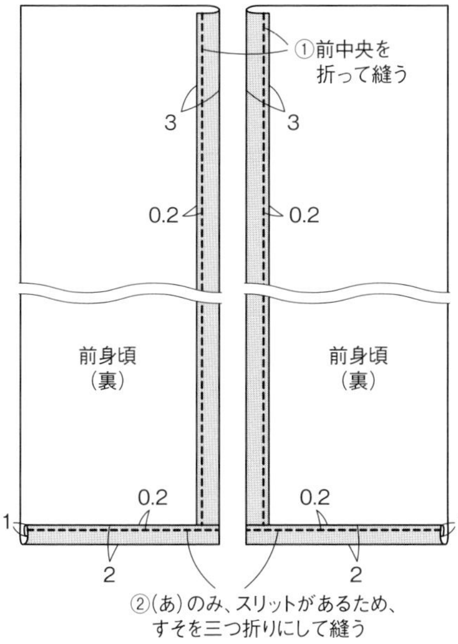

2.後ろ中心を縫ってタックを作り、すそを始末する

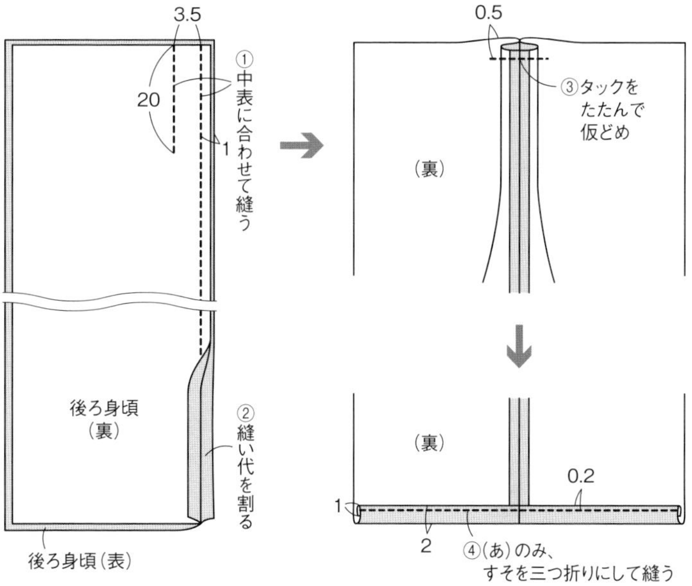

3.肩を縫い、えりぐりを始末する

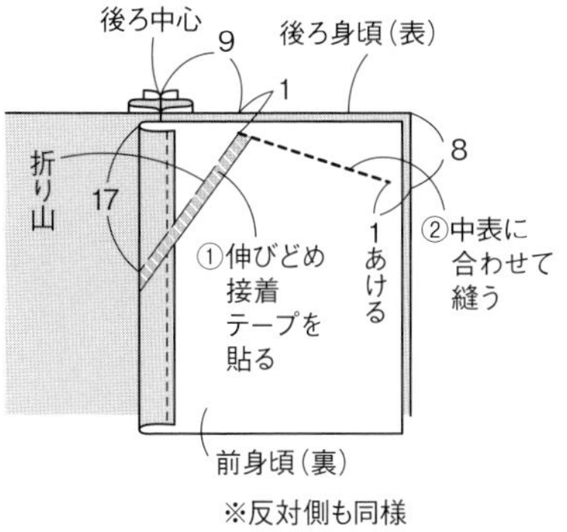

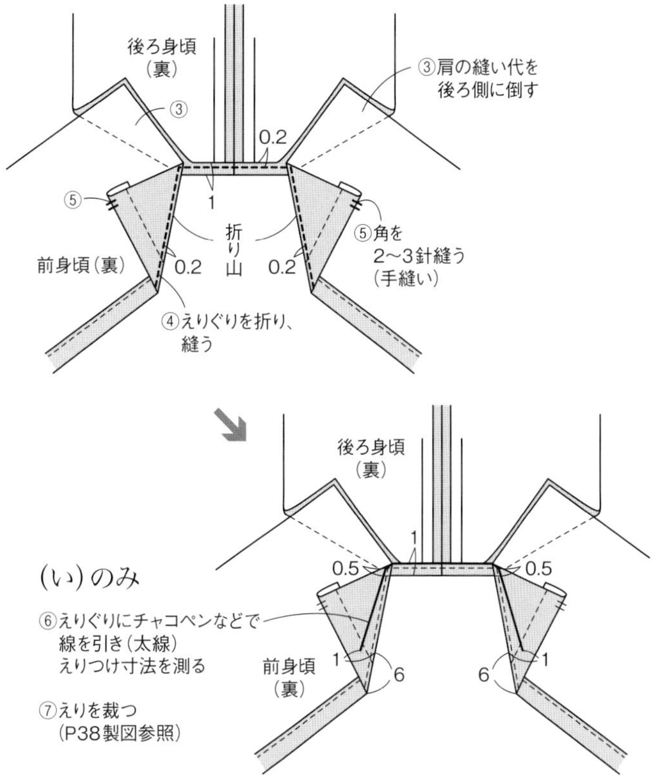

4.そでを作る

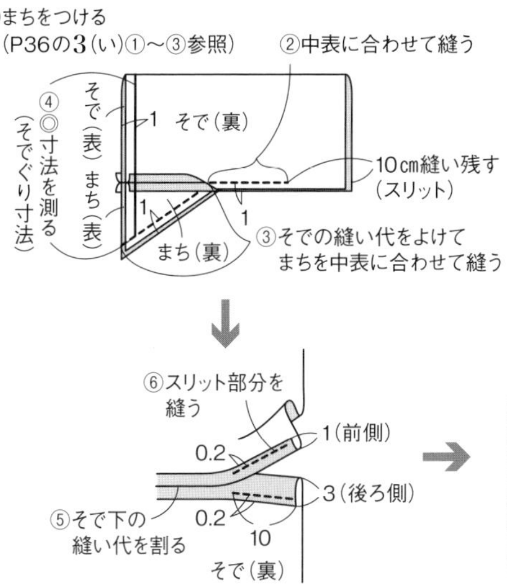

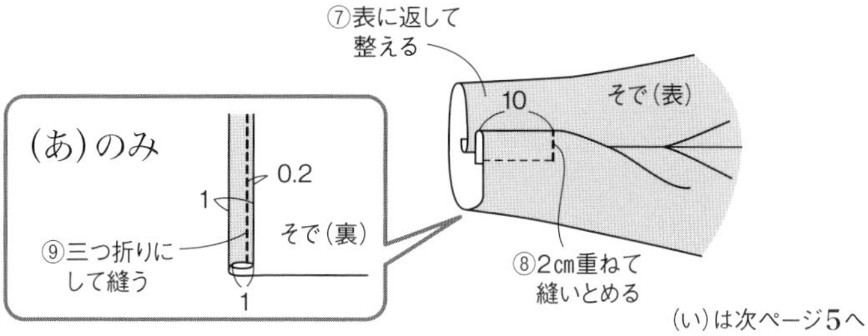

(い)は次ページ5へ

5.(い)のみ、カフスを作り、つける

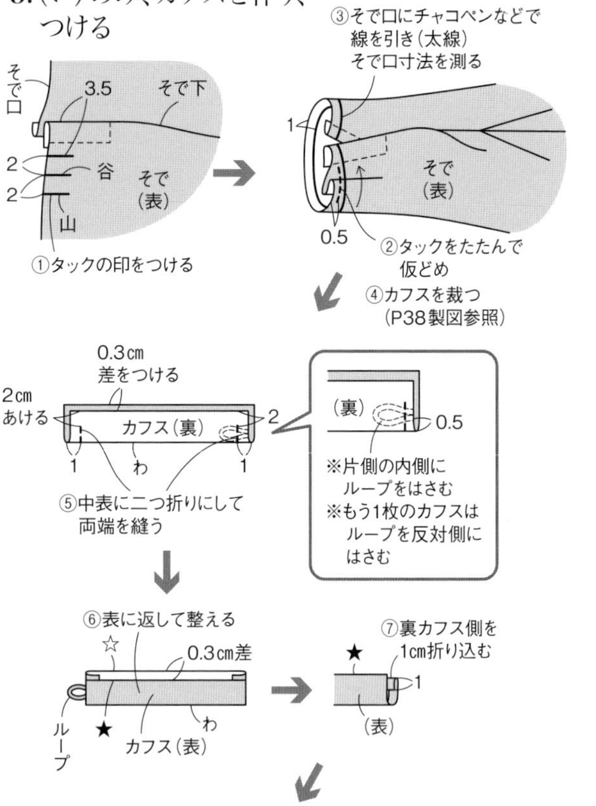

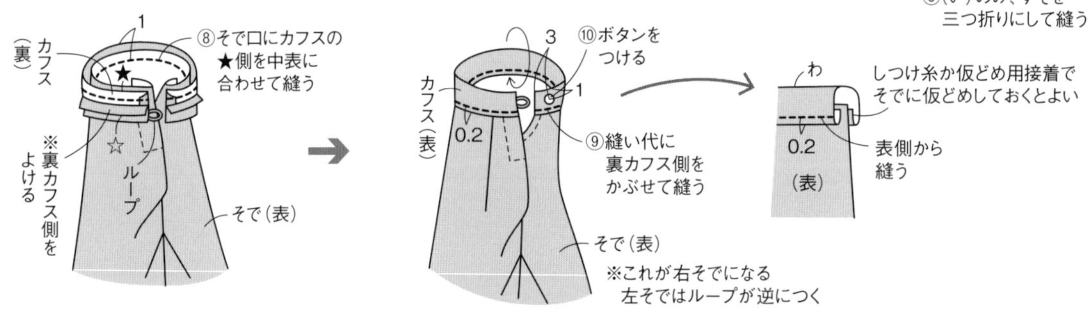

6.脇を縫い、スリットを作る

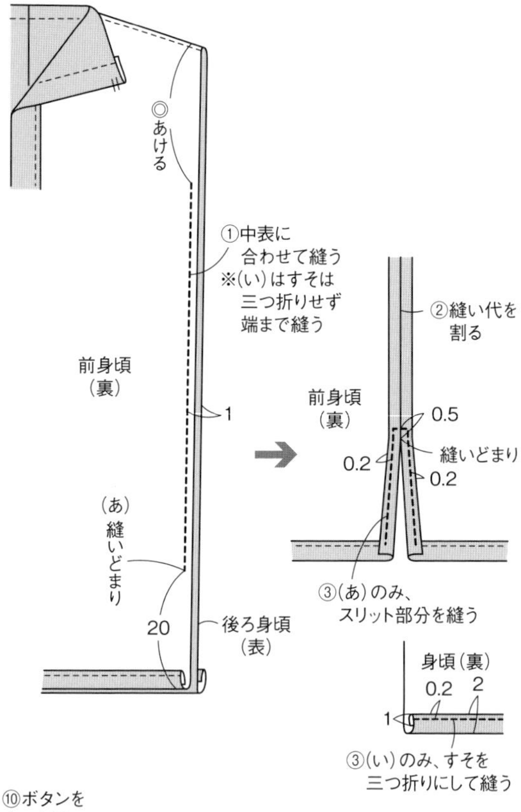

9.(あ)ポケットを作り、つける

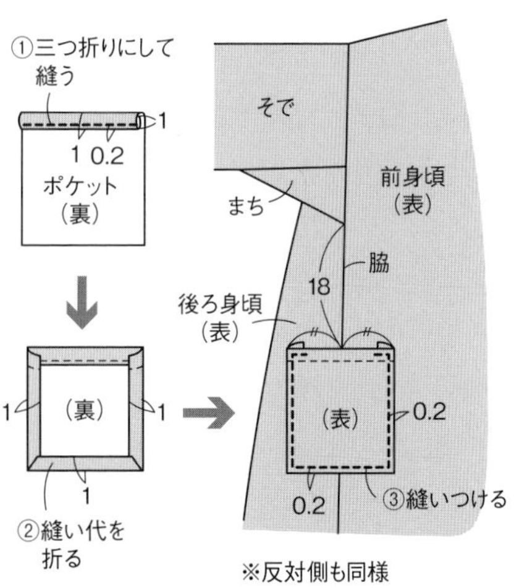

※反対側も同様

(い)リボン通しをつけ、リボンを作る

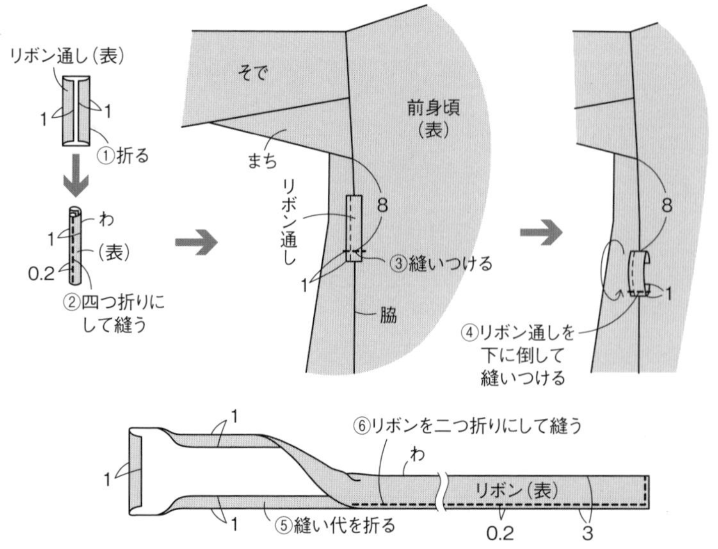

C3 (あ) チャイナボタン & スタンドカラー

作品＼P10

C4 (い) スナップボタン & パーカー

作品＼P11

C3 (あ)

C4 (い)

材料

着物…1枚
(あ)
チャイナボタン…5組
1.2cm幅の伸びどめ接着テープ…50cm
(い)
スナップテープ…90cm
0.8cm幅のゴムテープ…15cmを2本
1.2cm幅の伸びどめ接着テープ…50cm

胸囲129cm
[掲載作品Z＝36cmの場合]

作り方 ＊布端の処理はP31を参照

1. 前身頃の中央とすそを始末する(P39の1①②参照)
2. (い)のみ、スナップテープをつける
3. 後ろ中心を縫ってタックを作り、すそを始末する(P39の2参照)
4. 肩を縫い、えりぐりを始末する(P39の3参照)
5. そでを作る
6. 脇を縫う。(い)のみ、ゴムテープを通す
7. そでをつける((あ)P34の6、(い)P37の5(い)参照)
8. (あ)えりを作り、つける(P34の8参照)
(い)フードを作り、つける
9. (あ)のみ、チャイナボタンをつける(でき上がり図参照)

●製図 単位＝cm Z＝着物幅

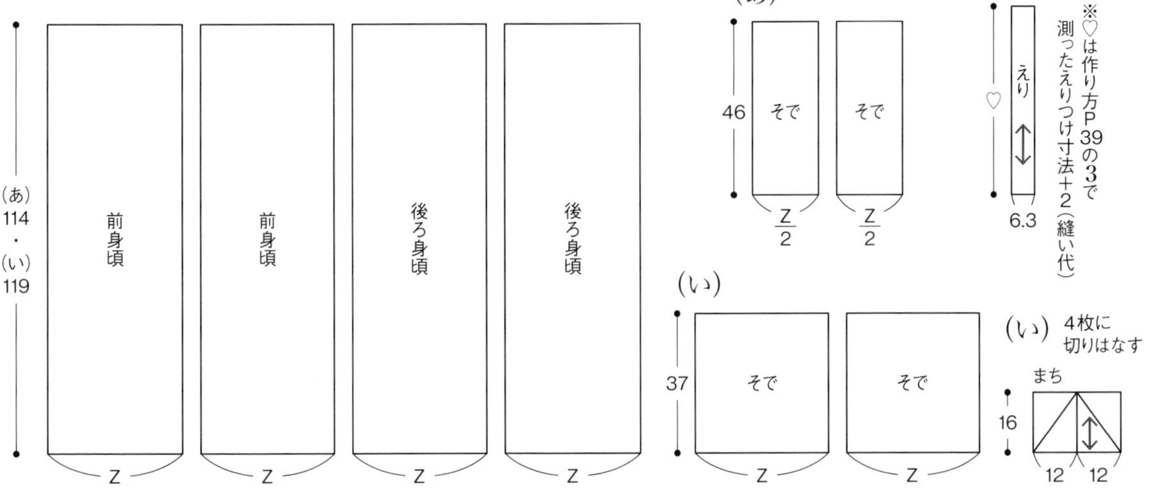

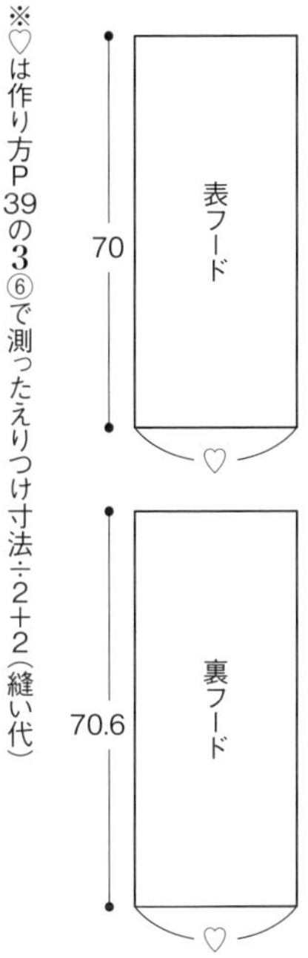

●でき上がり図

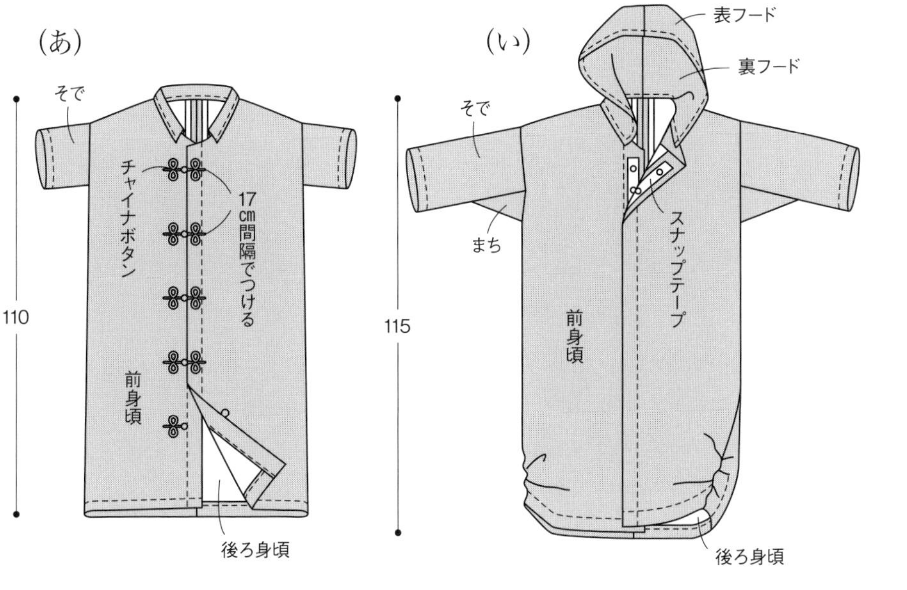

2.(い)のみ、スナップテープをつける

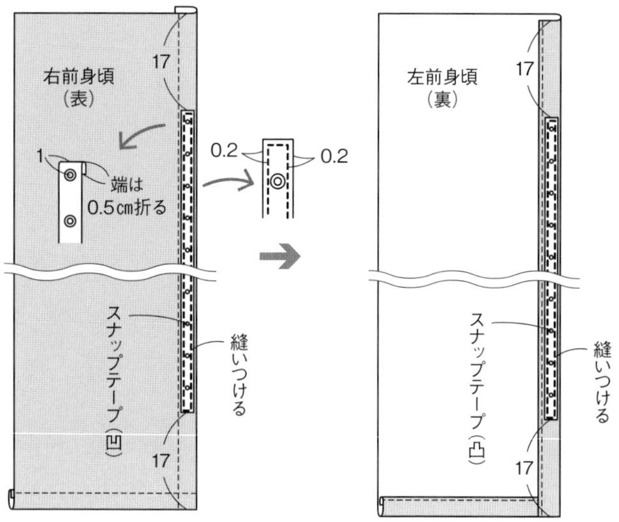

5.そでを作る

(あ)の場合

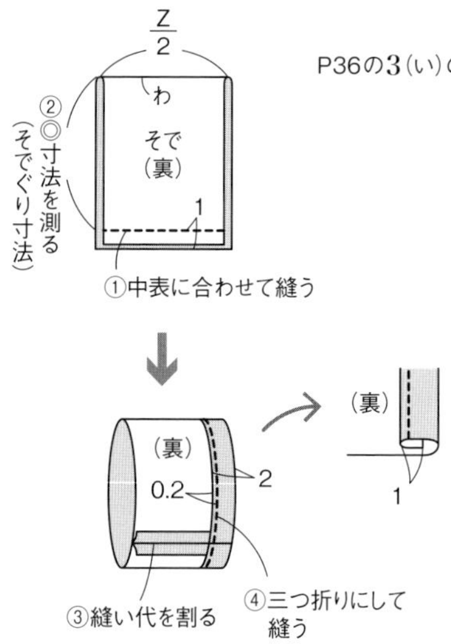

(い)の場合

P36の3(い)の場合参照

6.脇を縫う。(い)のみ、ゴムテープを通す

(あ)　(い)

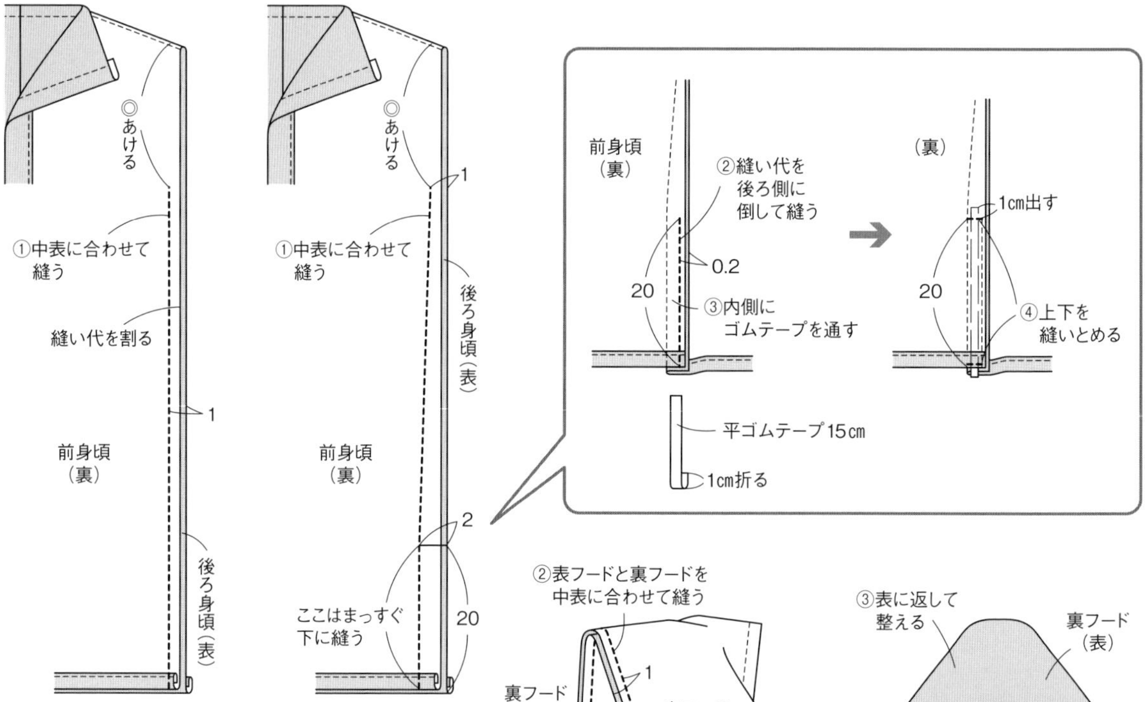

8.(い)
フードを作り、つける

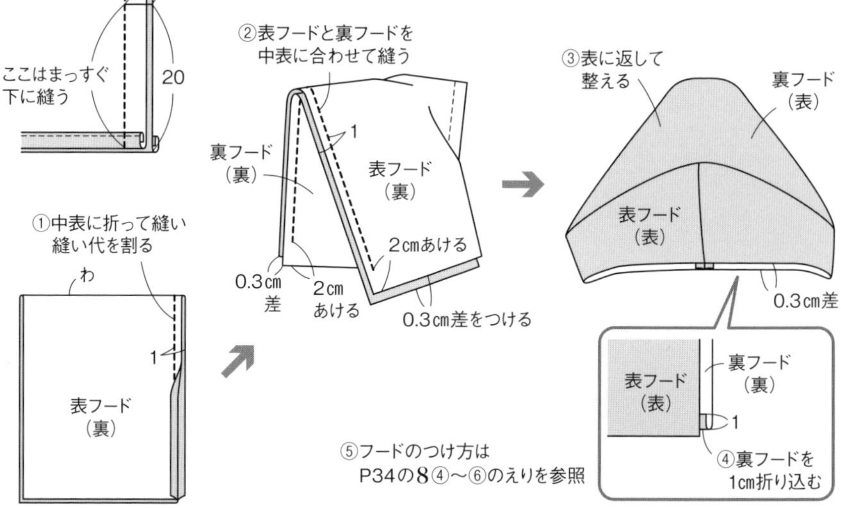

※裏フードも
同様に縫う

⑤フードのつけ方は
P34の8④〜⑥のえりを参照

D1 (あ)スリットボタン＆Aライン
作品＼P12

D2 (い)スリットボタン＆Aライン スモール
作品＼P13

D1(あ)

D2(い)

材料
着物…1枚
直径1.2cmのボタン…9個
1.2cm幅の伸びどめ接着テープ…50cm

胸囲128cm
［掲載作品Z＝34cmの場合］

作り方　＊布端の処理はP31を参照

1 後ろ中心を縫う
2 前身頃に伸びどめ接着テープを貼り、肩を縫う
3 前立てを作り、つける
4 えりを作り、つける（P34の参照）
5 脇身頃を作り、つける
6 脇を縫う
7 (あ)そでぐりを始末する
(い)そでを作り、つける（P42の5(あ)、P34の6参照）
8 すそを始末する
9 ボタンをつける（でき上がり図参照。ボタンホールに合わせてつける）

●製図　単位＝cm　Z＝着物の布幅

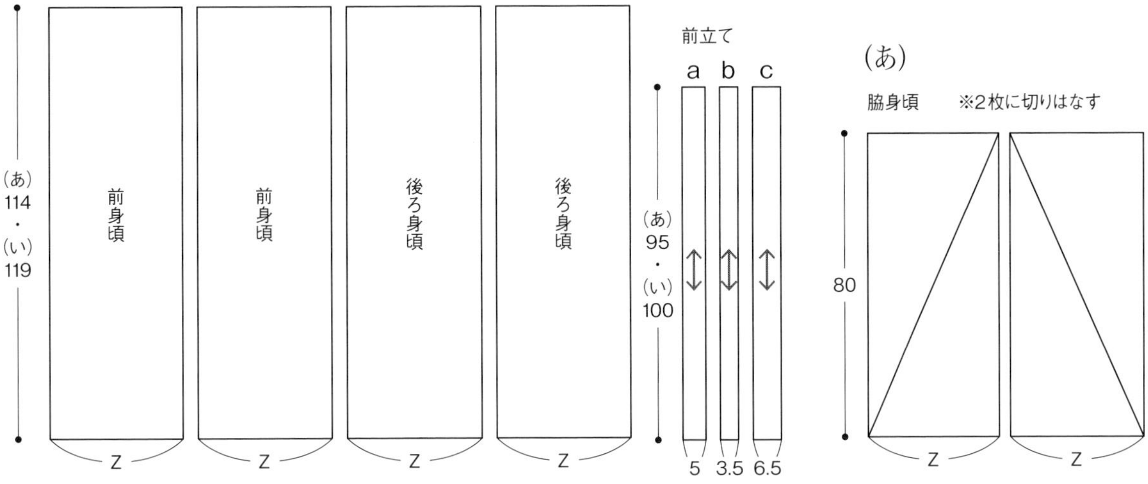

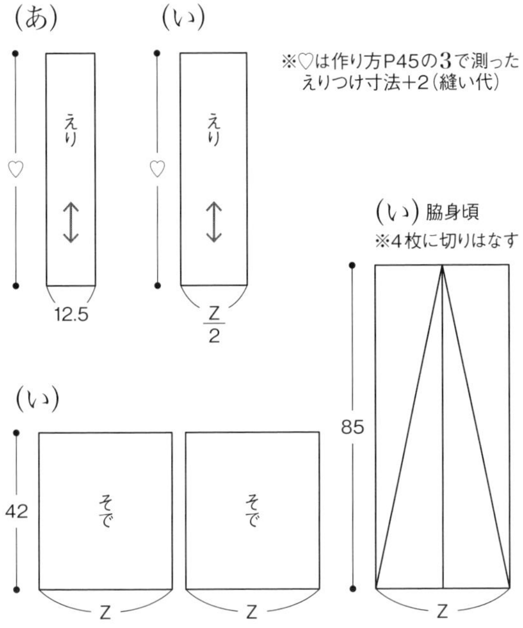

●でき上がり図

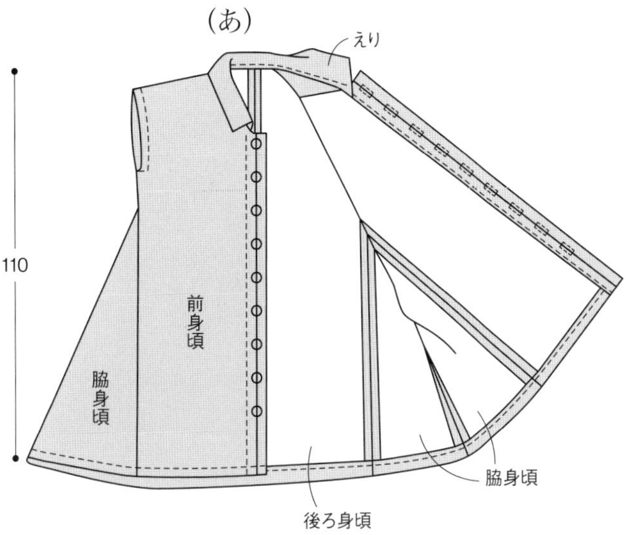

(い)

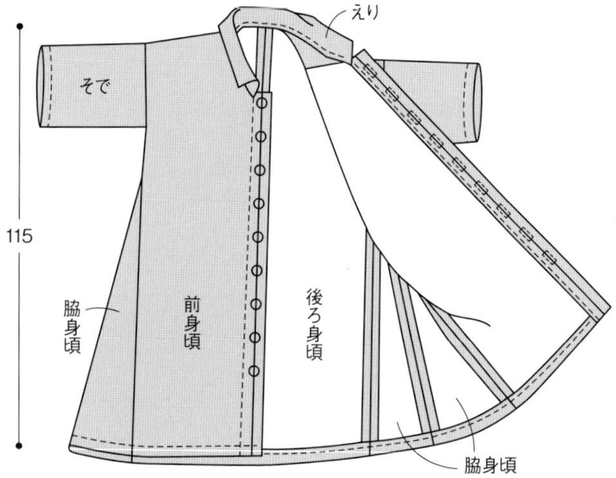

1.後ろ中心を縫う

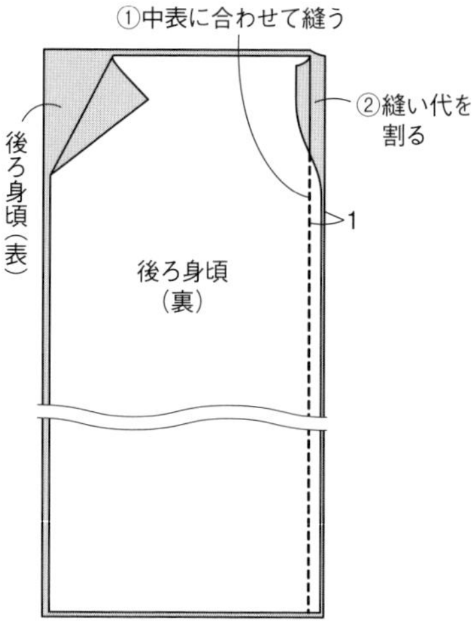

2.前身頃に伸びどめ接着テープを貼り、肩を縫う

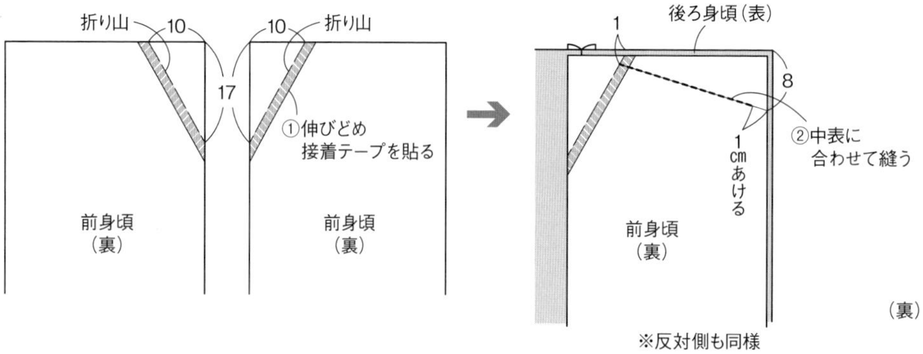

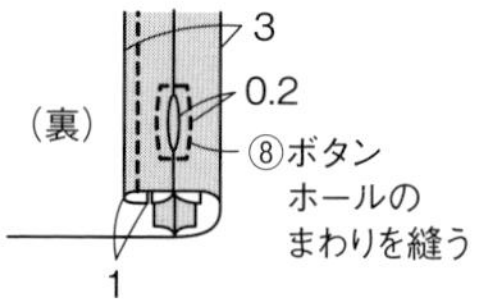

3.前立てを作り、つける

〈左前身頃〉

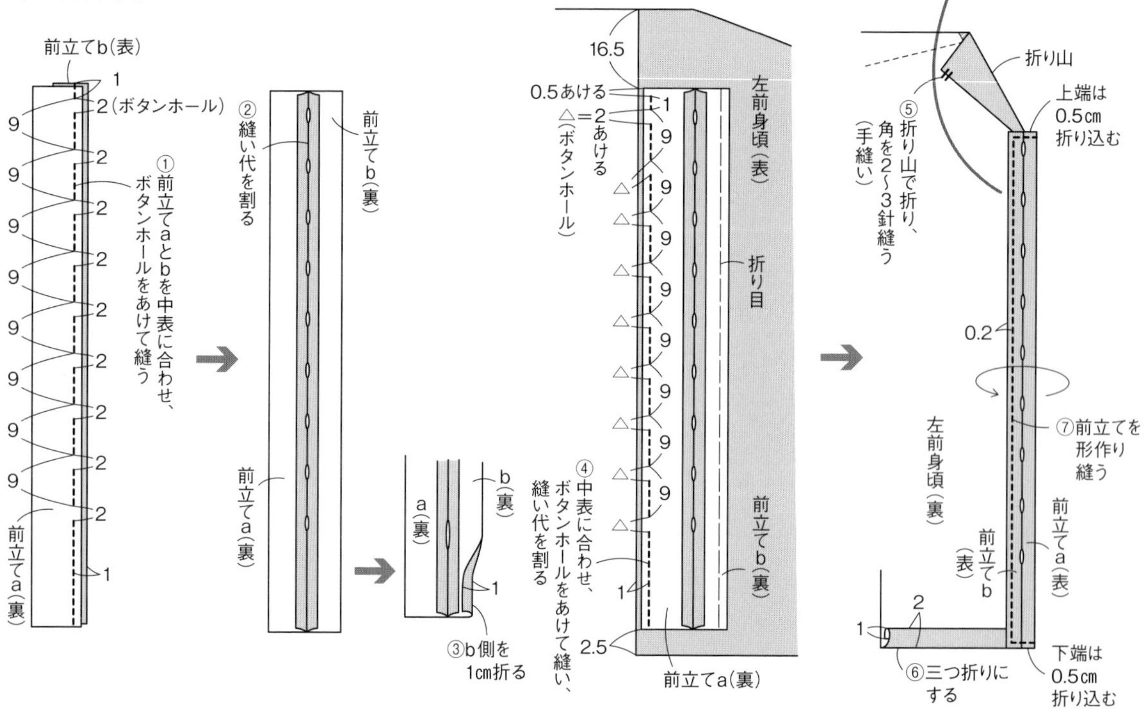

〈右前身頃〉

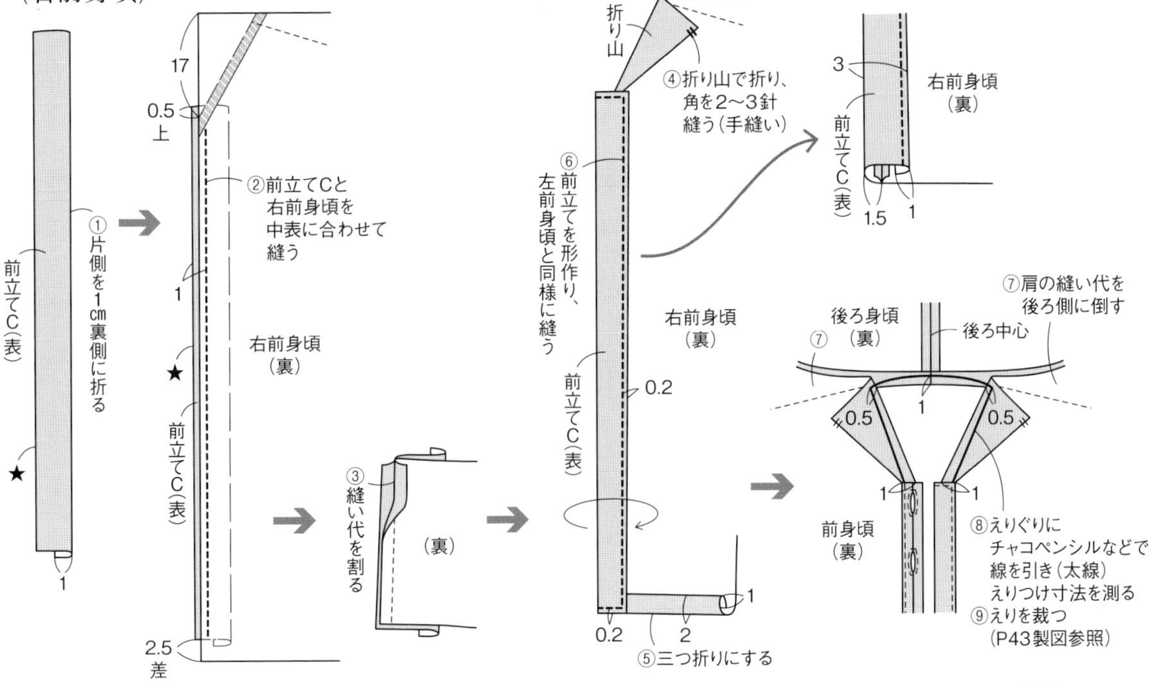

5.脇身頃を作り、つける

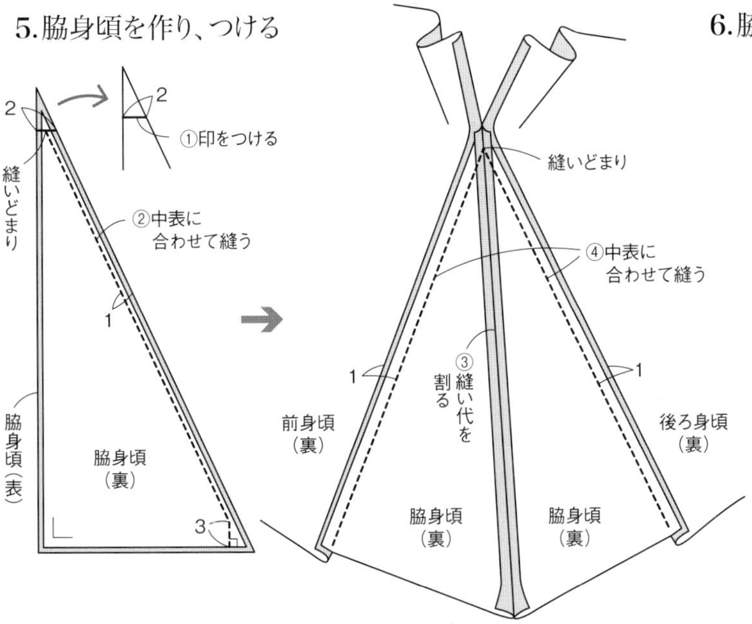

6.脇を縫う

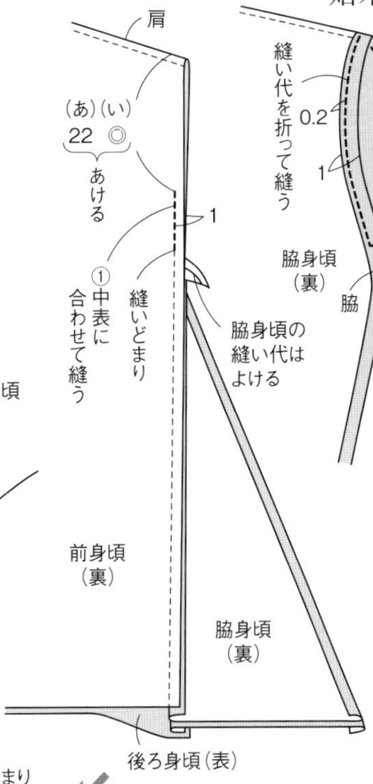

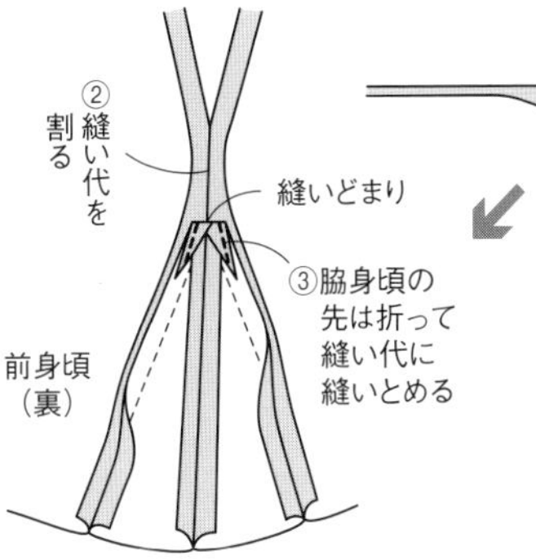

7.（あ）そでぐりを始末する

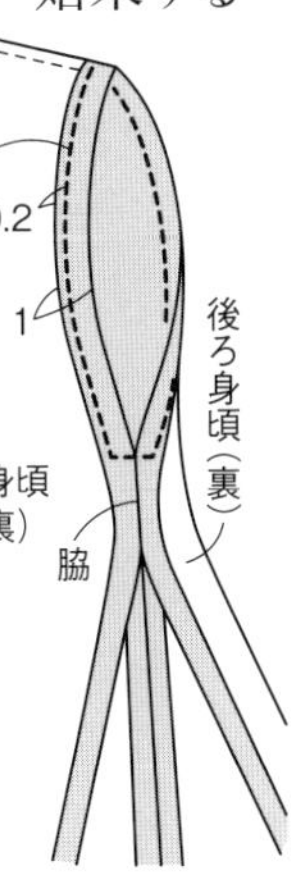

8.すそを始末する

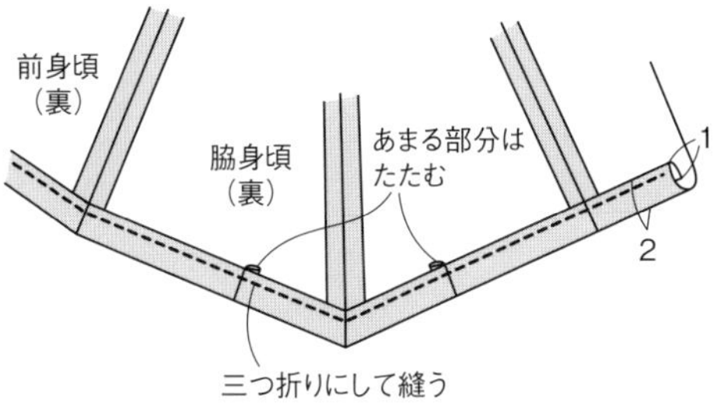

E1 (あ) ウエスト オールリボン

作品＼P14

E2 (い) ウエスト フロントリボン

作品＼P15

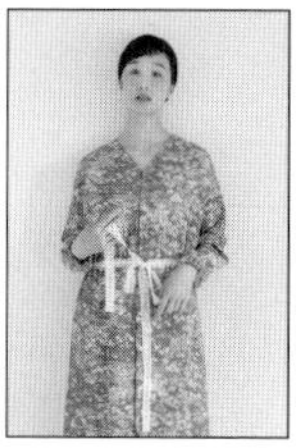

E1 (あ)

E2 (い)

材料

着物…1枚
直径1.1cmのスナップボタン…9組
1.2cm幅の伸びどめ接着テープ…50cm
0.8cm幅のゴムテープ…23cm×2本（そで口用）、70cm（ウエスト用 ※ウエストに合わせる）
(あ)のみ
2.5cm幅のリボン…270cm
(い)のみ
1.3cm幅のリボン…190cm

胸囲（あ）121cm（い）133cm
［掲載作品（あ）Z＝34cm（い）Z＝37cmの場合］

作り方 ＊布端の処理はP31を参照

1 前後身頃にリボンつけ位置の線を引く
2 前身頃の中央を始末する（P39の1①参照）
3 後ろ中心を縫い、タックを作る（P39の2①〜③参照）
4 肩を縫い、えりぐりを始末する（P39の3参照）
5 そでを作る
6 脇を縫う
7 そでをつける（P37の5（い）参照）
8 (い)のみ、ポケットを作り、つける
9 すそを始末する
10 (あ)ウエストにリボンをつけ、ゴムテープを通す
(い)リボン通しをつけ、リボンを通す
11 スナップボタンをつける（でき上がり図参照）

●製図 単位＝cm Z＝着物の布幅

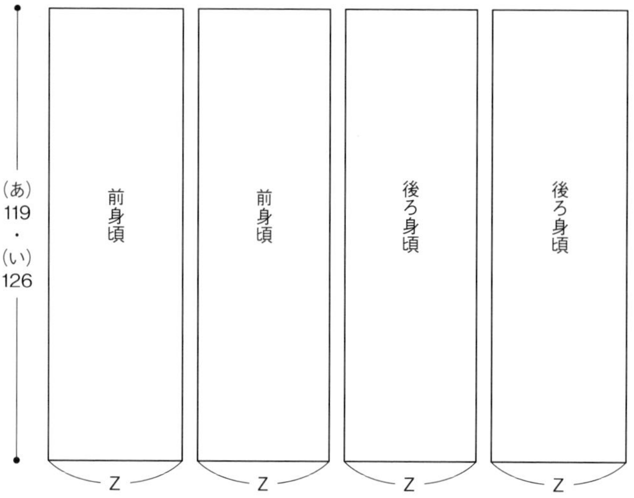

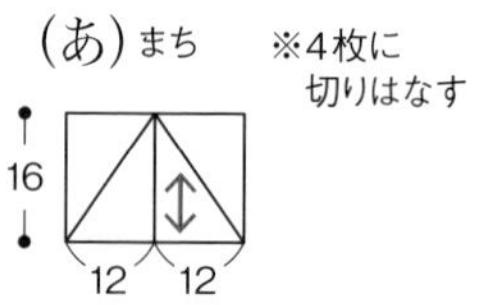

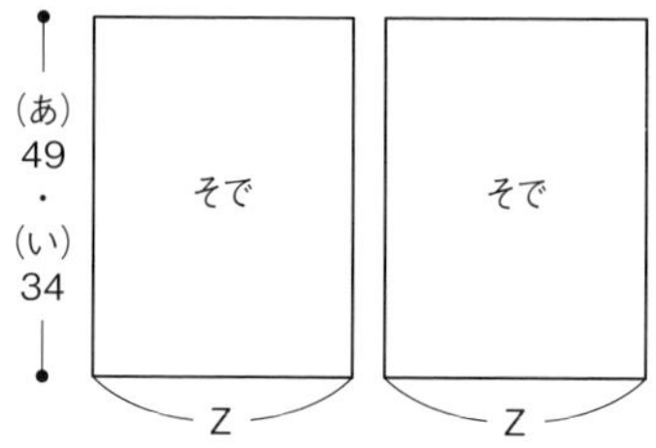

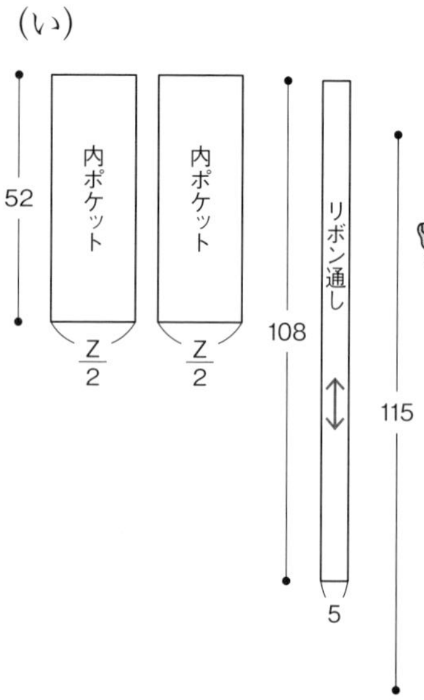

●でき上がり図

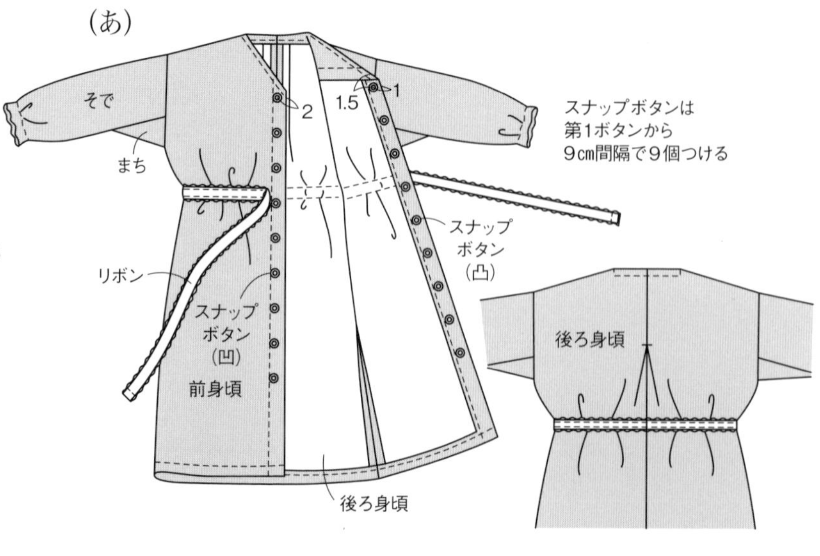

(い)

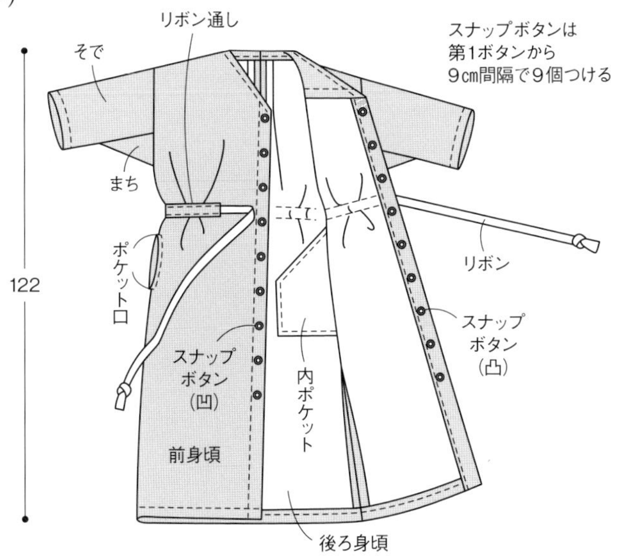

1.前後身頃にリボンつけ位置の線を引く

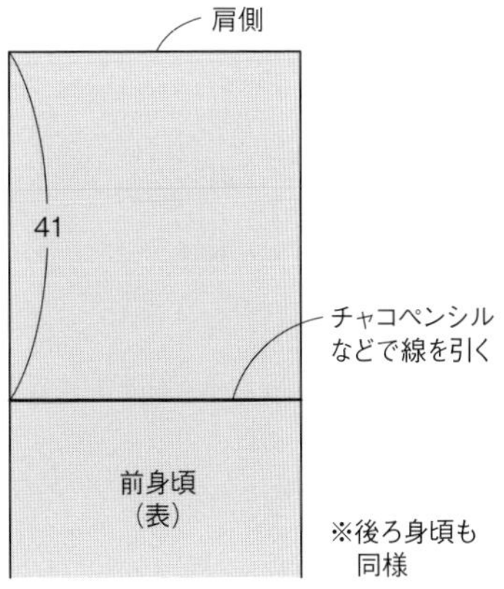

5.そでを作る ※(あ)のみゴムテープを通す

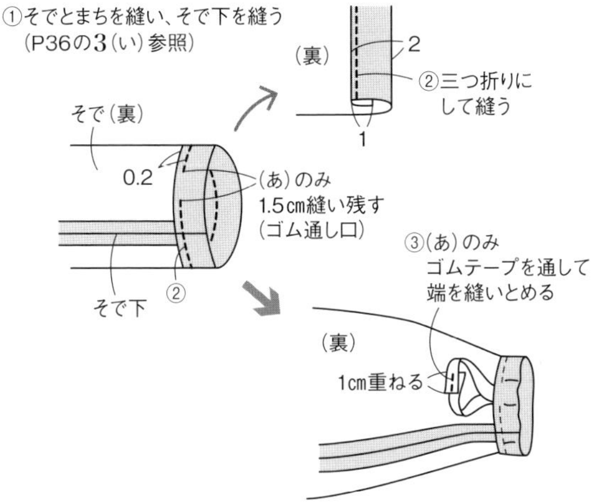

6.脇を縫う

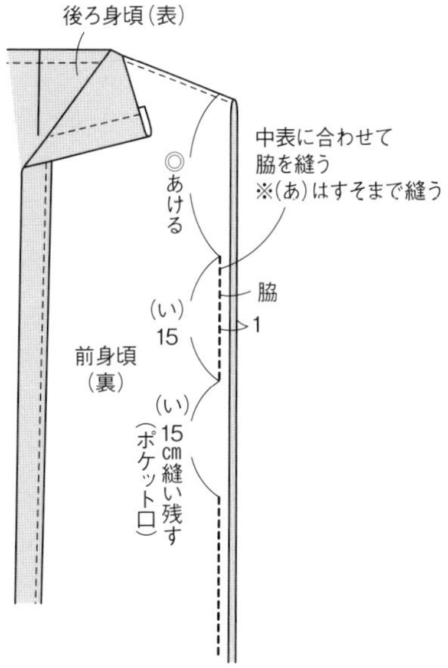

8.(い)のみ、ポケットを作り、つける

※本書のどの作品にも同様の作り方でポケットをつけることができます

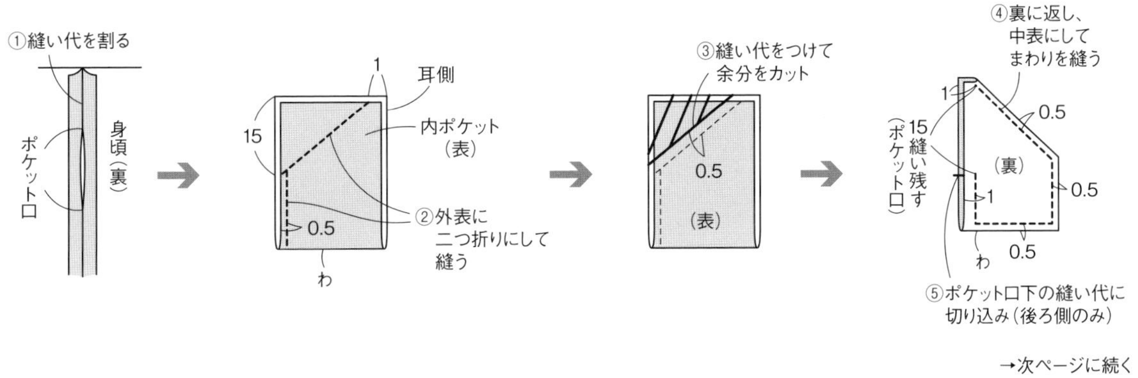

→次ページに続く

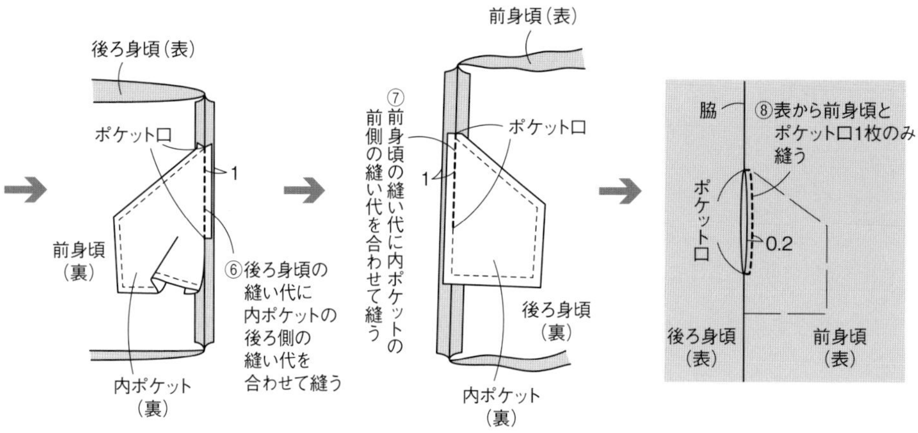

9. すそを始末する

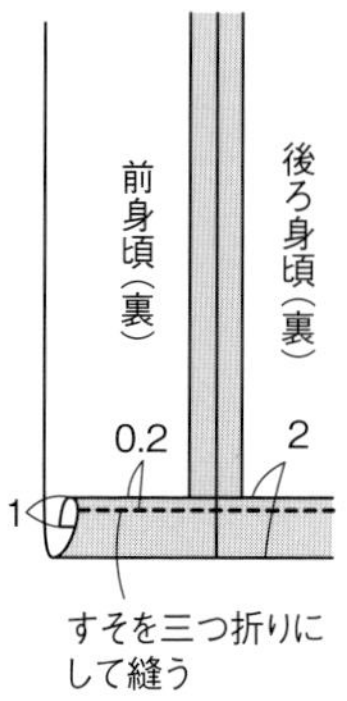

10. (あ)ウエストにリボンをつけ、ゴムテープを通す (い)リボン通しをつけ、リボンを通す

(あ)

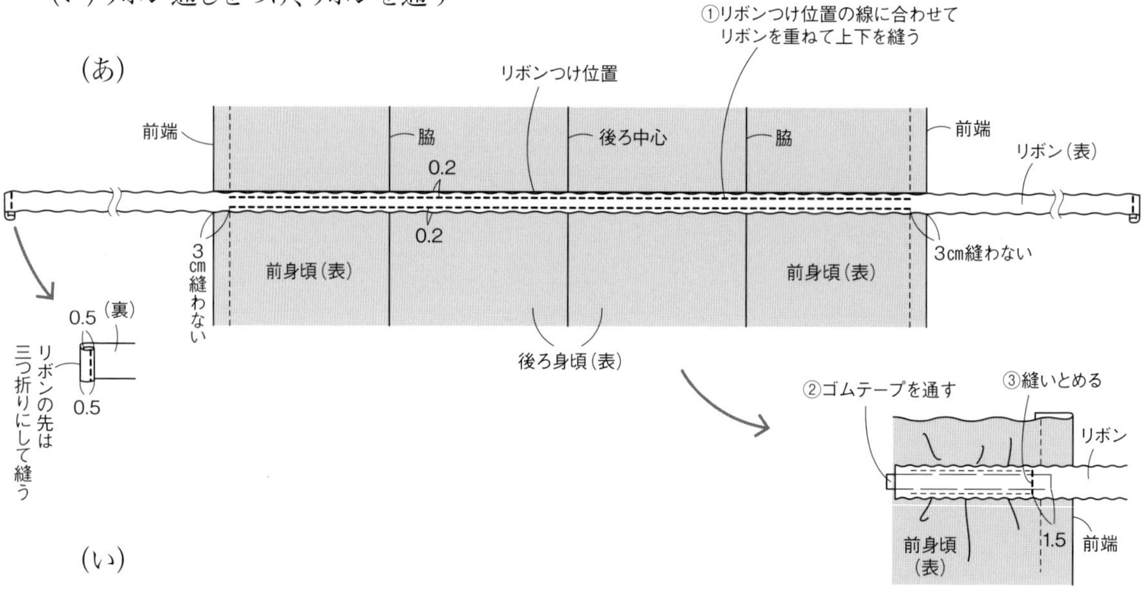

(い)

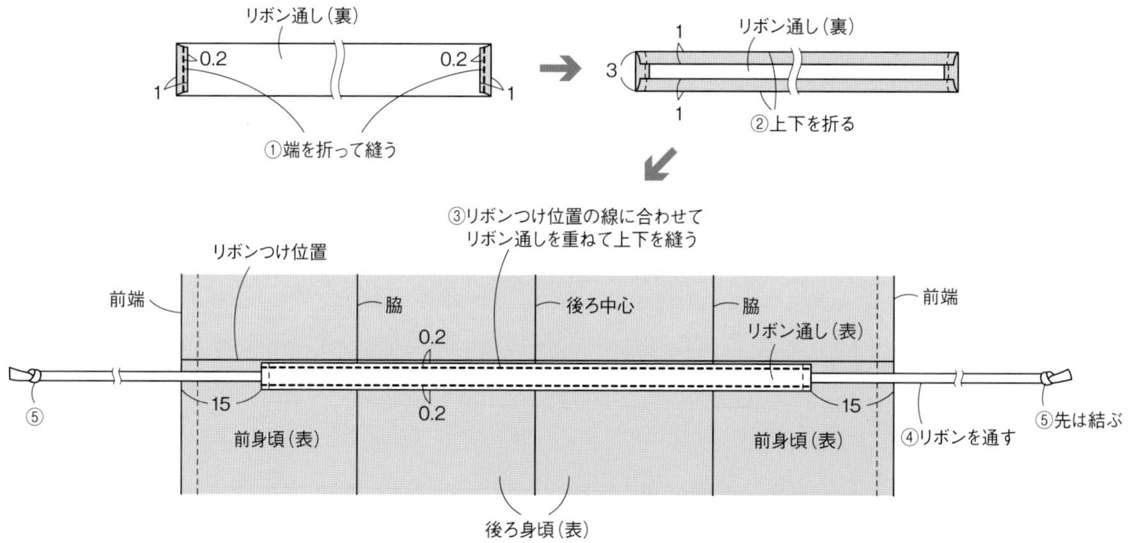

F1 (あ) フロントプリーツ & リリースリーブ

作品＼P16

F2 (い) フロントプリーツ & バルーンスリーブ

作品＼P17

F1 (あ)

F2 (い)

材料

着物…1枚
1.2㎝幅の伸びどめ接着テープ…50㎝
直径0.8㎝の足つきボタン…3個
内径0.8㎝のループ…3個
直径1.2㎝のスナップボタン…6組
(い)のみ
0.8㎝幅のゴムテープ…27㎝×2本(そで口用)

胸囲135.5㎝
[掲載作品Z＝37㎝の場合]

作り方　＊布端の処理はP31を参照

1 前身頃の中央を始末する
2 前身頃にタックを作る
3 後ろ中心を縫い、タックを作る
4 肩を縫う
5 えりぐりを始末する
6 そでを作る
7 脇を縫う
8 すそを始末する
9 そでをつける
10 ループ、ボタン、スナップボタンをつける(でき上がり図参照)

●製図　単位＝㎝　Z＝着物の布幅

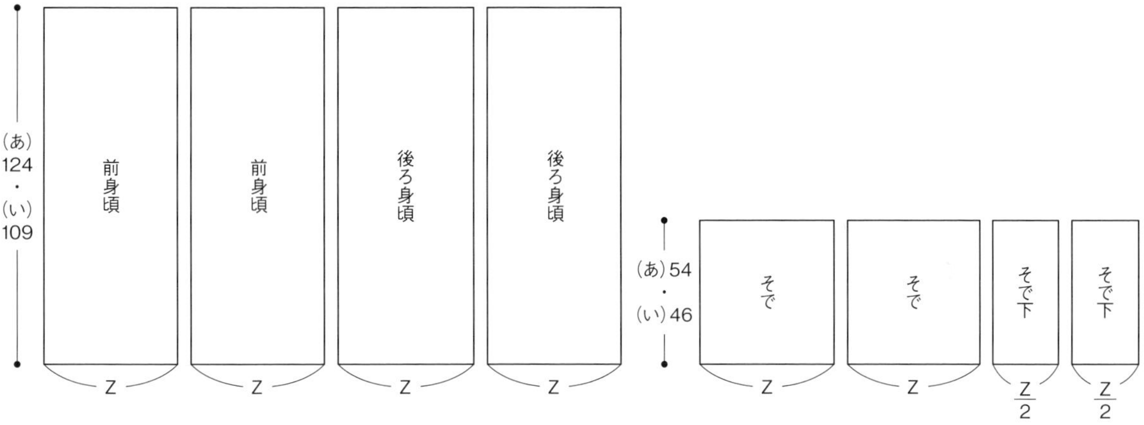

●でき上がり図

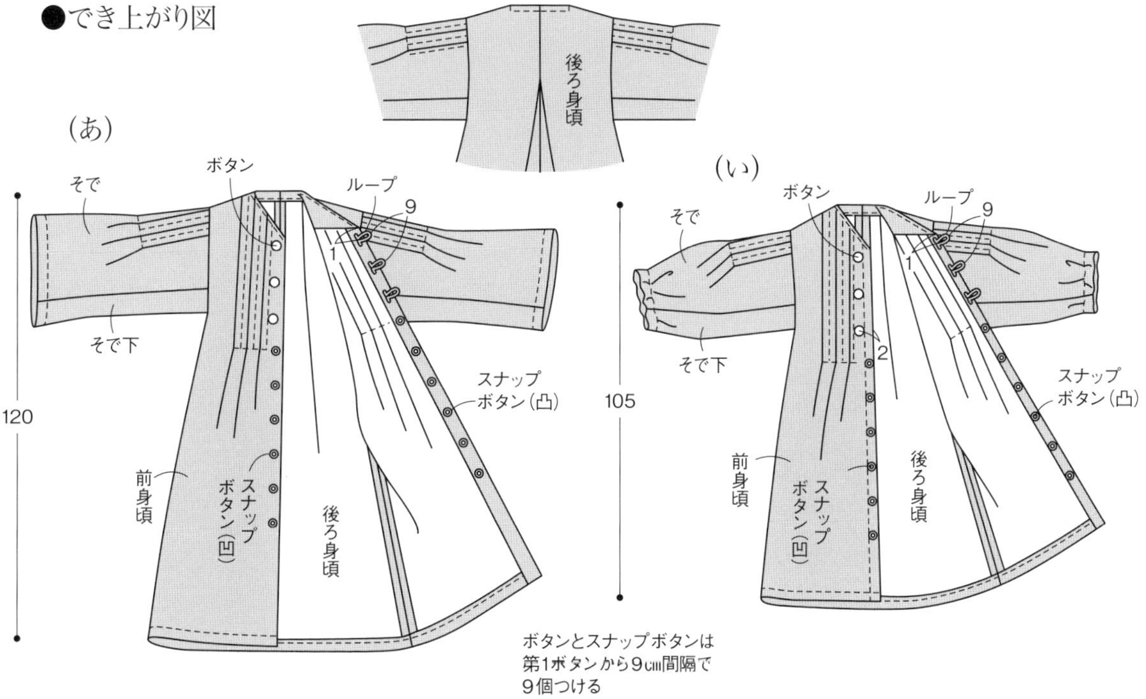

1.前身頃の中央を始末する

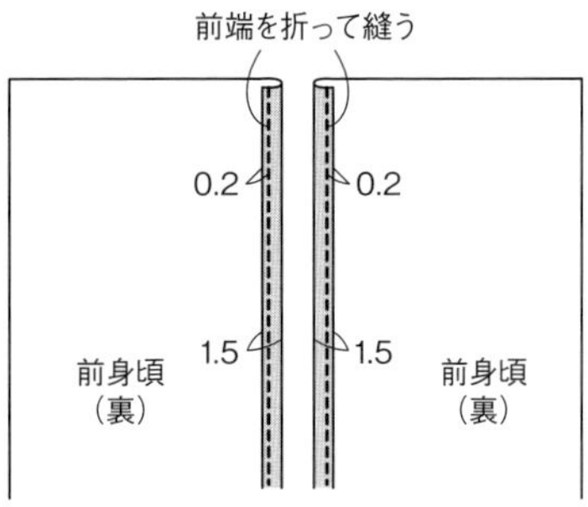

2.前身頃にタックを作る

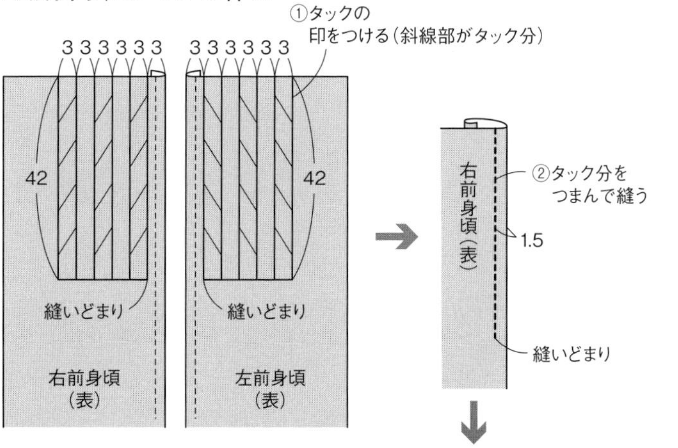

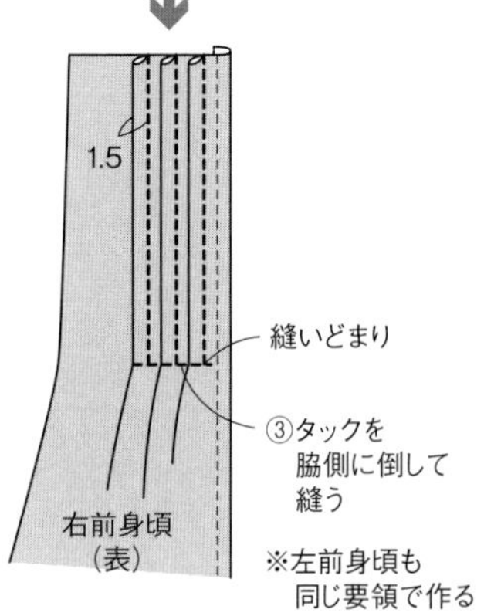

3.後ろ中心を縫い、タックを作る

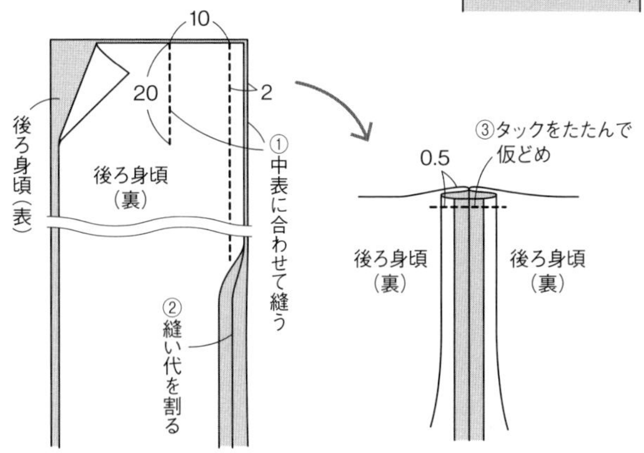

4.肩を縫う

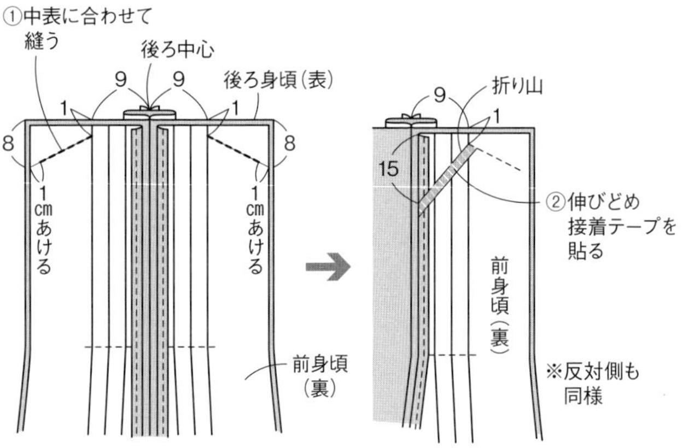

5.えりぐりを始末する

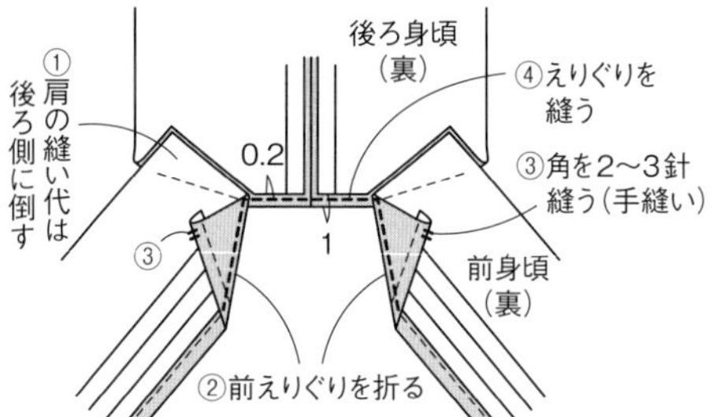

6.そでを作る

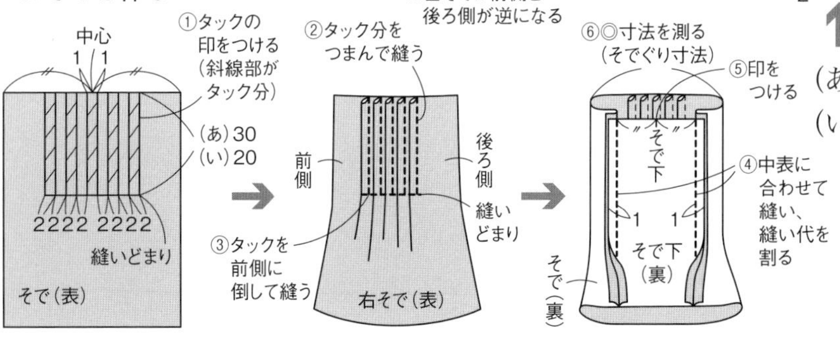

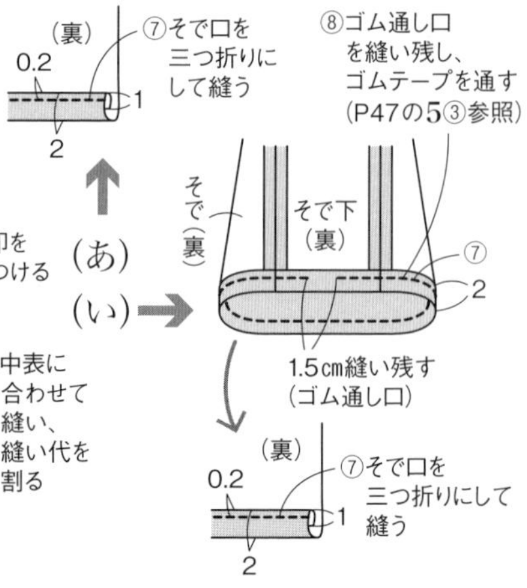

G1 (あ) ラージカラー & スウィッチング　作品＼P18
G2 (い) レースカラー & スウィッチング　作品＼P19

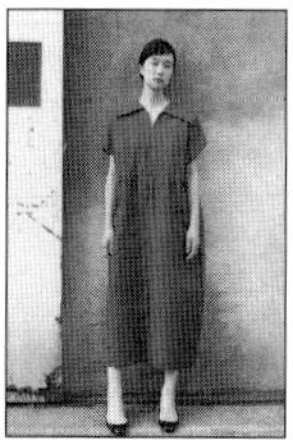

G1 (あ)

G2 (い)

作り方　＊布端の処理はP31を参照

(あ)の作り方

1 前中心を縫う
2 後ろ中心を縫う
3 肩を縫い、えりぐりを縫う
4 ダーツを縫う
5 脇を縫う
6 そでぐりを始末する(P45の7参照)
7 えりを作る
8 えりをつける
9 スカートを作り、身頃と縫い合わせる

(い)の作り方　※P54〜

1 前中央を始末する
2 後ろ中心を縫う(P52の2)
3 肩を縫い、えりぐりを縫う(P52の3)
4 ダーツを縫う(P52の4)
5 そでを作る
6 脇を縫う
7 えりをつける
8 スカートを作り、身頃と縫い合わせる
9 ループ、ボタン、スナップボタンをつける(でき上がり図参照)

材料

着物…1枚
1.2cm幅の伸びどめ接着テープ…50cm
(い)のみ
幅11.5cmのレース(白) …35cmを2枚
直径1cmの足つきボタン…3個
内径1cmのループ…3個
直径1cmのスナップボタン…6組
0.5cm幅のゴムテープ…26cm×2本(そで口用)

胸囲(あ)128cm(い)117cm
[掲載作品(あ)Z＝36cm(い)Z＝34cmの場合]

●製図　単位＝cm　Z＝着物の布幅

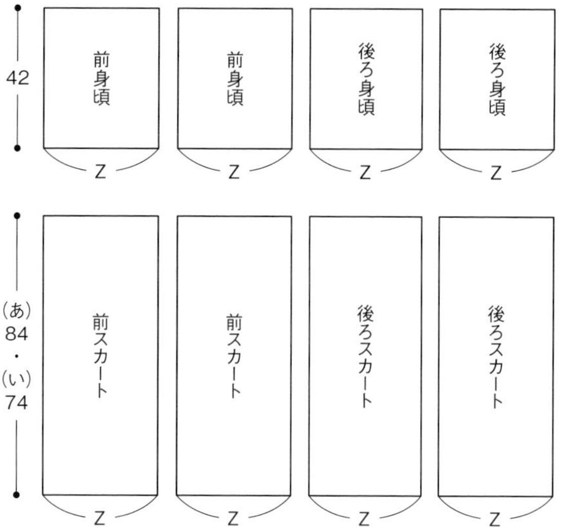

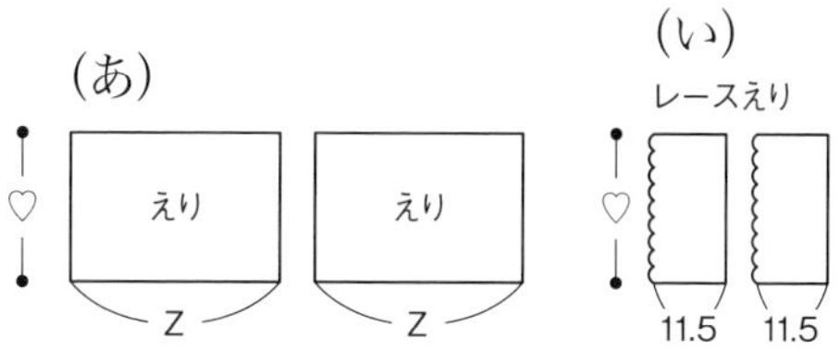

※♡は作り方(あ)P53の7、(い)P54の7で測ったえりぐり寸法＋2(縫い代)

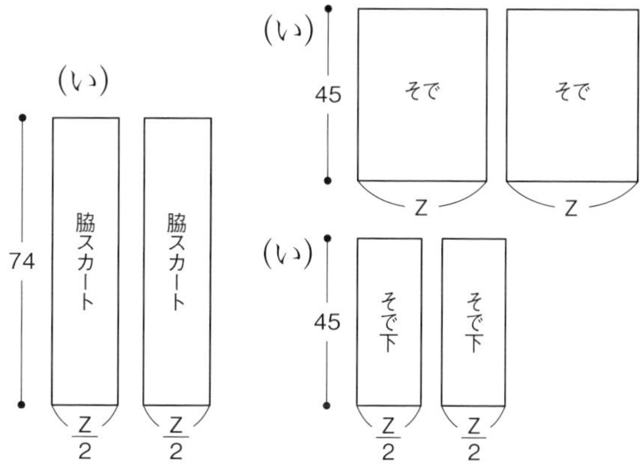

7.脇を縫う

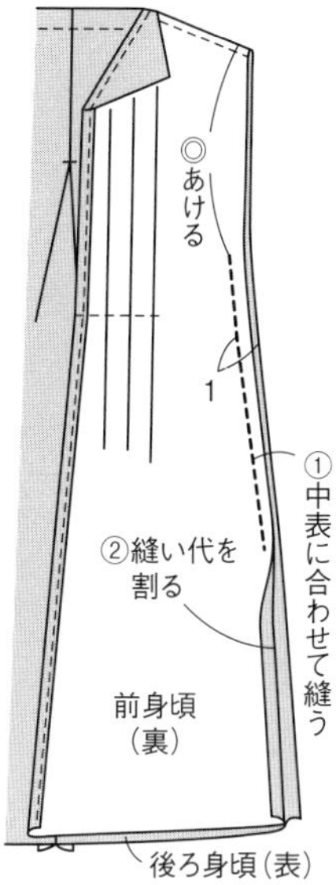

8.すそを始末する

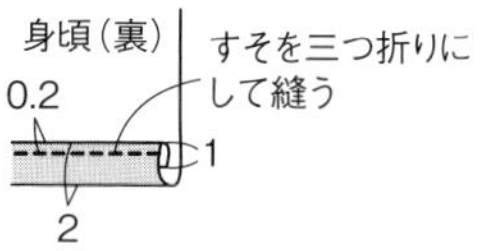

9.そでをつける

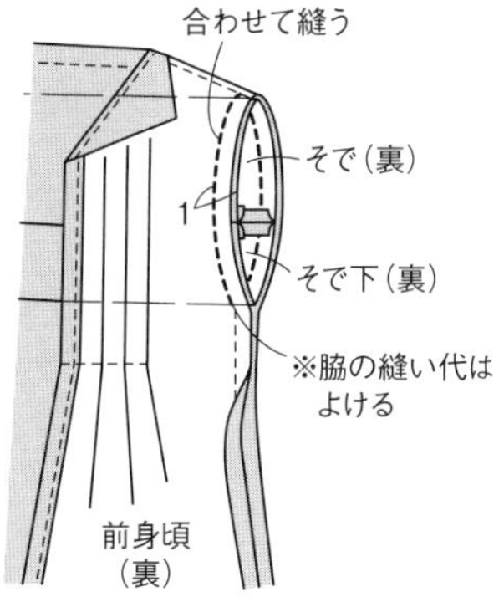

●でき上がり図

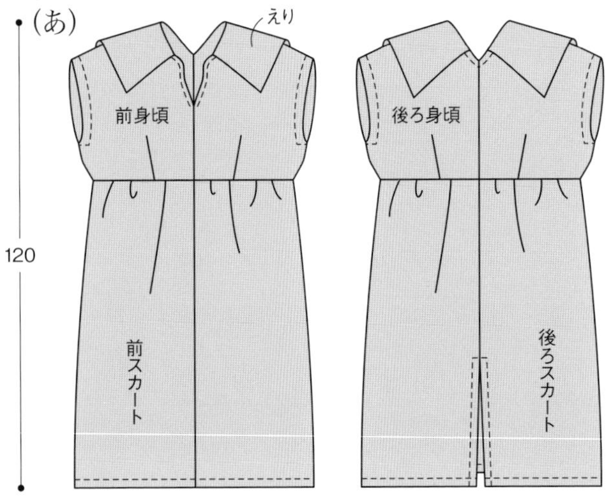

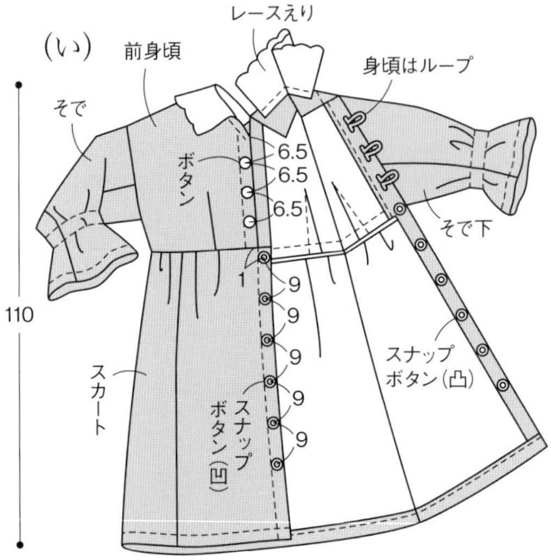

(あ)の作り方

1.前中心を縫う

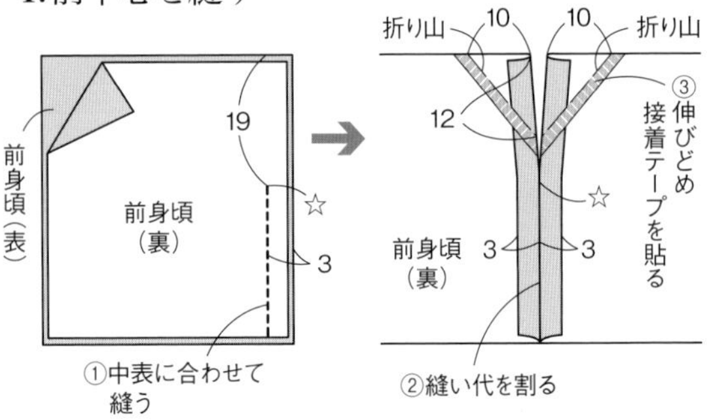

2.後ろ中心を縫う

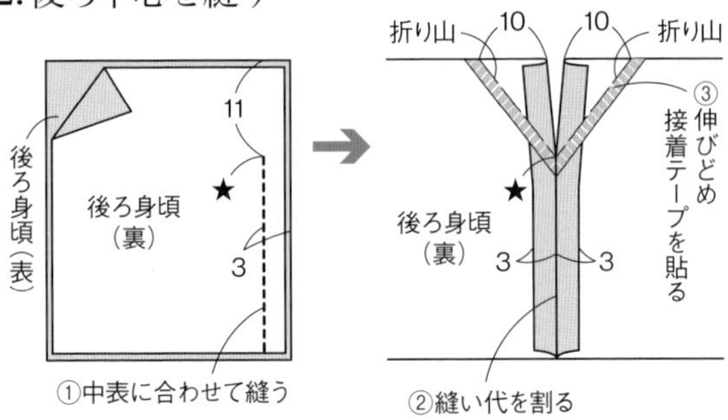

3.肩を縫い、えりぐりを縫う

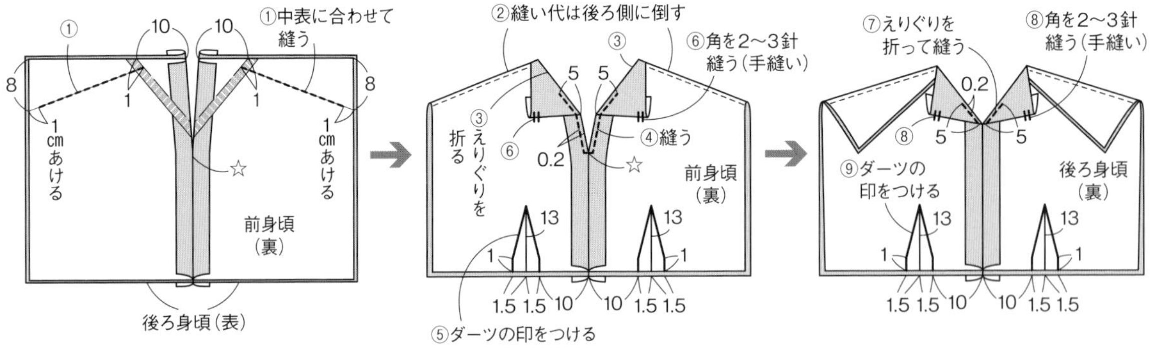

4.ダーツを縫う

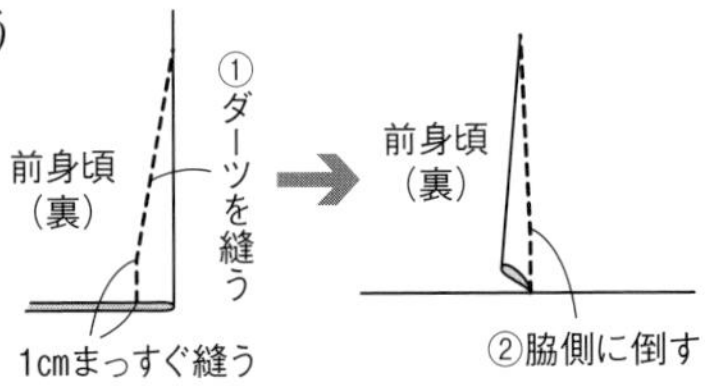

※後ろ身頃も同様に縫う

5.脇を縫う

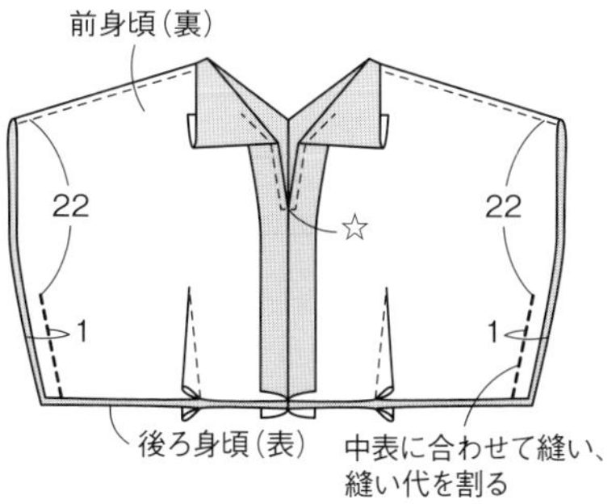

7.えりを作る

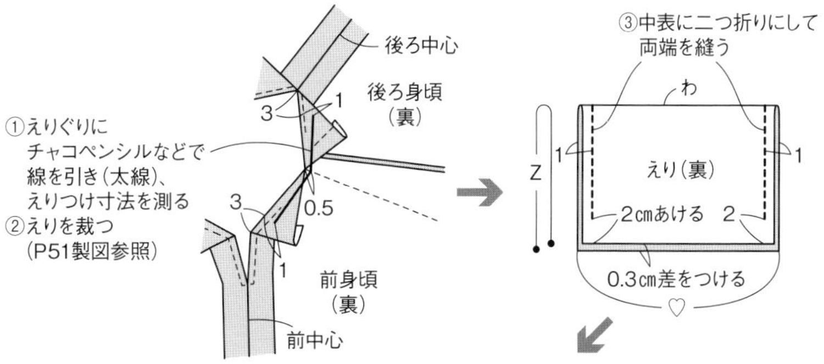

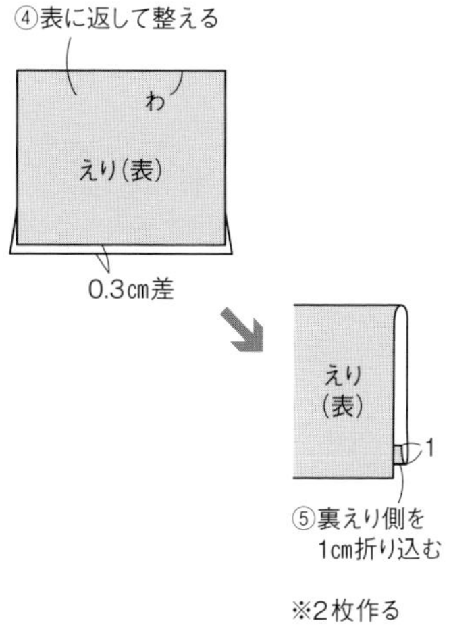

8.えりをつける

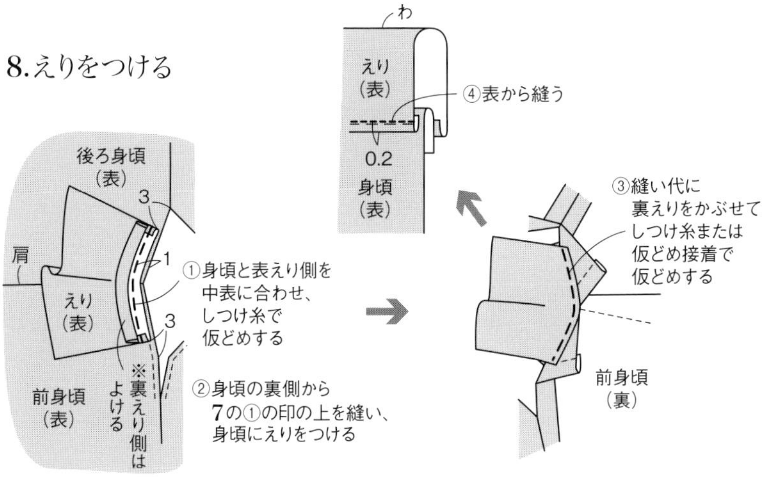

9.スカートを作り、身頃と縫い合わせる

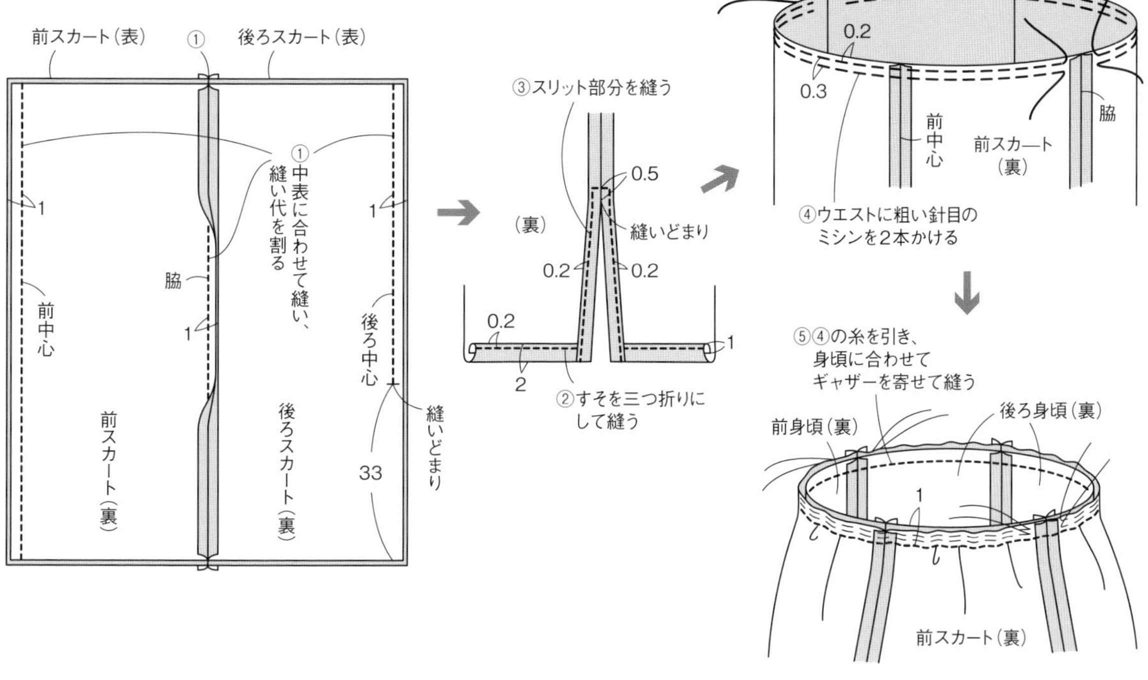

（い）の作り方

1.前中央を始末する

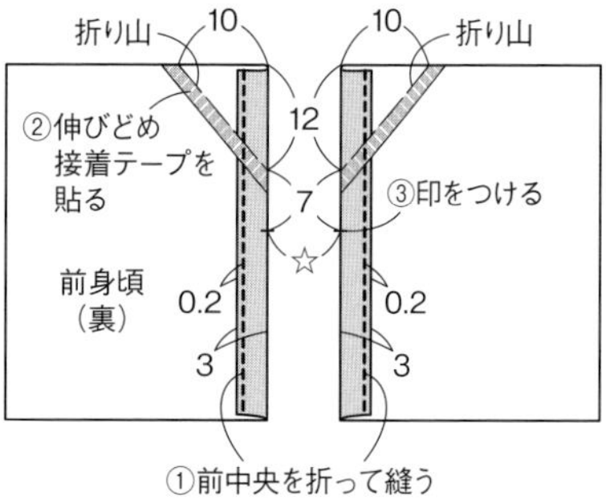

折り山
10
10
折り山
12
②伸びどめ接着テープを貼る
7
③印をつける
☆
前身頃（裏）
0.2
0.2
3
3
①前中央を折って縫う

5.そでを作る

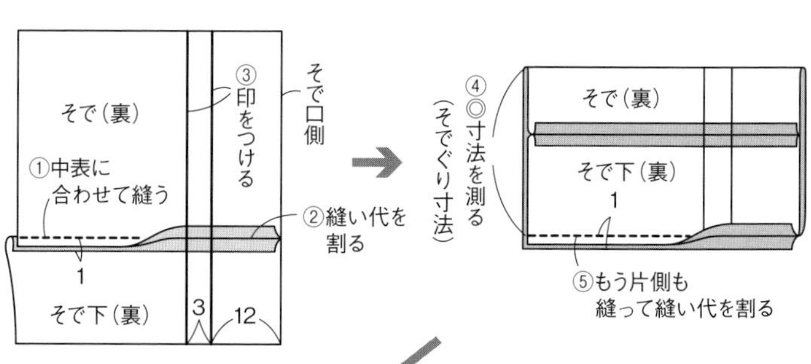

そで（裏）
③印をつける
そで口側
①中表に合わせて縫う
②縫い代を割る
1
そで下（裏）
3
12
④◎寸法を測る（そでぐり寸法）
そで（裏）
そで下（裏）
1
⑤もう片側も縫って縫い代を割る

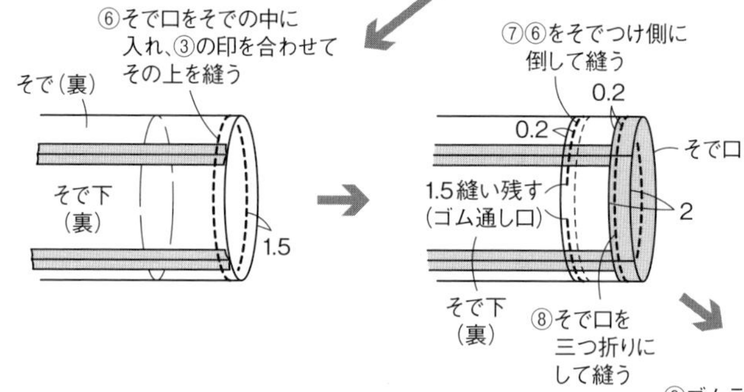

⑥そで口をそでの中に入れ、③の印を合わせてその上を縫う
そで（裏）
そで下（裏）
1.5
⑦⑥をそでつけ側に倒して縫う
0.2
0.2
そで口
1.5縫い残す（ゴム通し口）
2
そで下（裏）
⑧そで口を三つ折りにして縫う

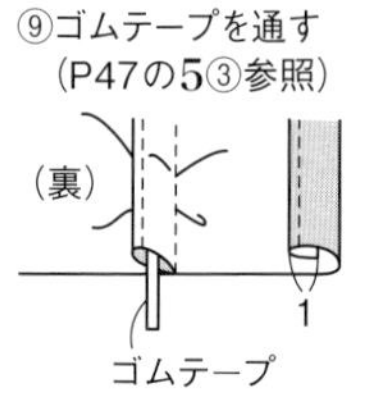

⑨ゴムテープを通す（P47の5③参照）
（裏）
1
ゴムテープ

6.脇を縫う

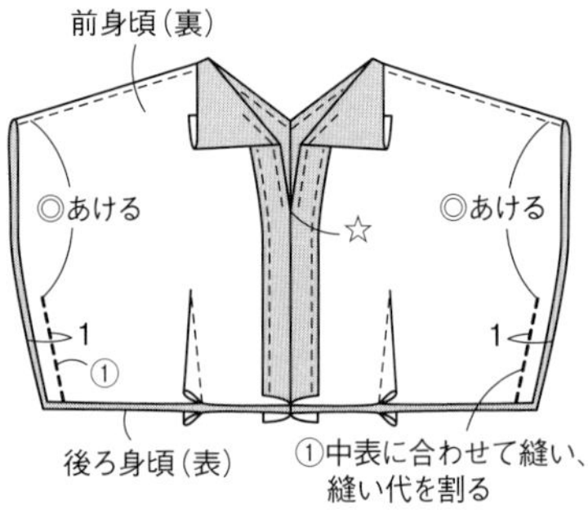

前身頃（裏）
◎あける
☆
◎あける
1
①
1
後ろ身頃（表）
①中表に合わせて縫い、縫い代を割る

7.えりをつける

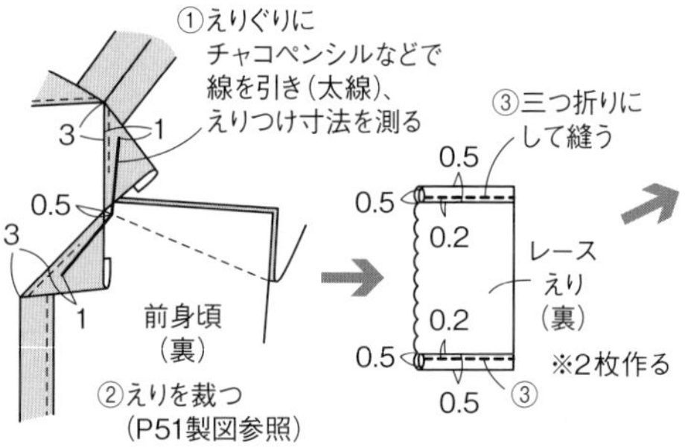

①えりぐりにチャコペンシルなどで線を引き（太線）、えりつけ寸法を測る
3
1
0.5
3
1
前身頃（裏）
②えりを裁つ（P51製図参照）
③三つ折りにして縫う
0.5
0.5
0.2
レースえり（裏）
0.2
0.5
0.5
③
※2枚作る

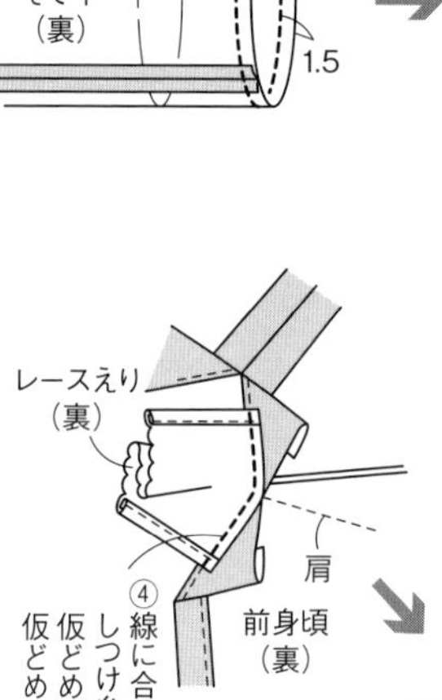

レースえり（裏）
④線に合わせて重ね、しつけ糸または仮どめ接着で仮どめする
肩
前身頃（裏）

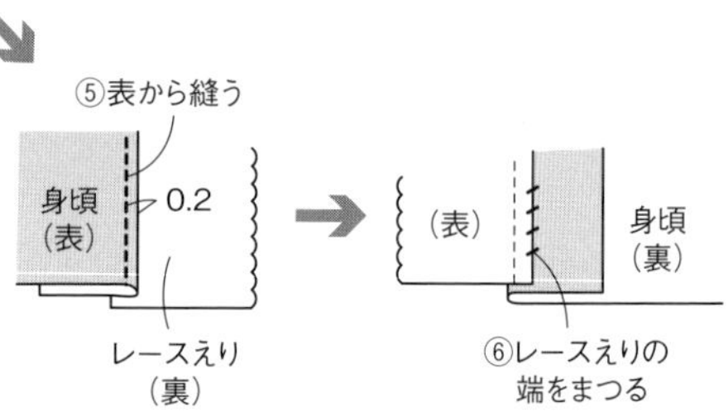

⑤表から縫う
身頃（表）
0.2
レースえり（裏）
（表）
身頃（裏）
⑥レースえりの端をまつる

8.スカートを作り、身頃と縫い合わせる

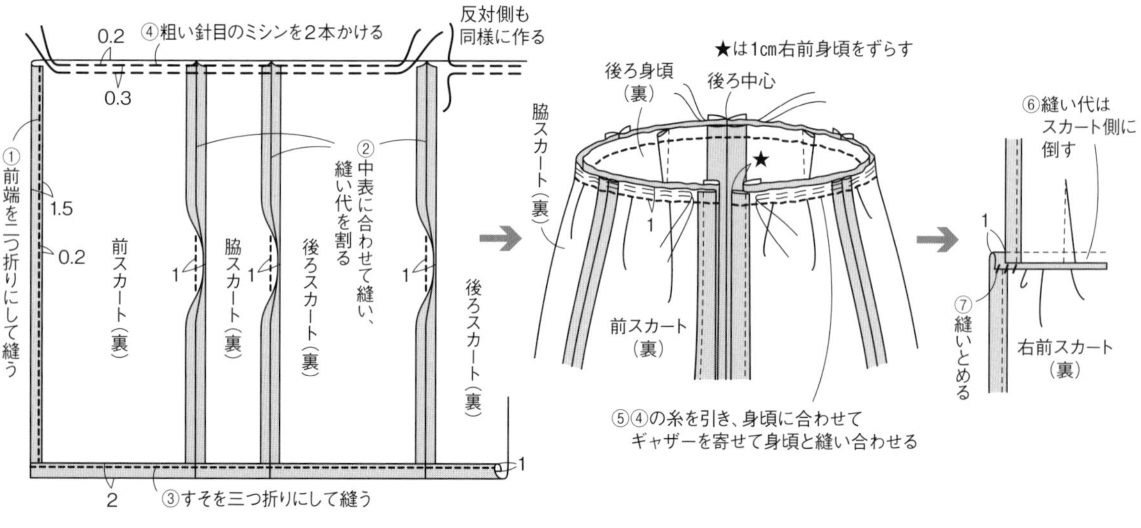

0.2
④粗い針目のミシンを2本かける
反対側も同様に作る
0.3
①前端を二つ折りにして縫う
1.5
0.2
前スカート（裏）
脇スカート（裏）
後ろスカート（裏）
②中表に合わせて縫い、縫い代を割る
1
1
1
後ろスカート（裏）
1
2
③すそを三つ折りにして縫う
★は1cm右前身頃をずらす
後ろ身頃（裏）
後ろ中心
脇スカート（裏）
★
1
前スカート（裏）
⑤④の糸を引き、身頃に合わせてギャザーを寄せて身頃と縫い合わせる
⑥縫い代はスカート側に倒す
1
⑦縫いとめる
右前スカート（裏）

J1 (あ) ショルダーヨーク & ストレートスリーブ　作品＼P24
J2 (い) ショルダーヨーク & タックドスリーブ　作品＼P25
J3 (う) ショルダーヨーク & ギャザードスリーブ・リボン　作品＼P26

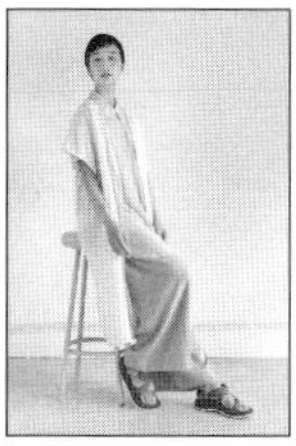
J1 (あ)

J2 (い)

J3 (う)

材料
着物…1枚
(あ)のみ
直径1.2cmのボタン…6個
内径1.2cmのループ…6個
(い)のみ
直径1.2cmの足つきボタン…7個
内径1.2cmのループ…7個
(う)のみ
直径1.2cmのスナップボタン…8組
2.5cm幅のゴムテープ…27cm×2本(そで口用)

胸囲(あ)133.5cm(い)(う)137.5cm
[掲載作品(あ)Z＝36cm(い)(う)Z＝37cmの場合]

作り方　＊布端の処理はP31を参照

1. 前ヨークと前身頃の中央を始末し、縫い合わせる
2. 後ろ中心を縫って、(あ)(い)はタックを作り、(う)はギャザーを寄せ、後ろヨークと縫い合わせる
3. 肩を縫い、後ろえりぐりを始末する
4. そでを作る
5. 脇を縫い、すそを始末する
6. そでをつける(P51の9参照)
7. (あ)(い)ループとボタンをつける
(う)はスナップボタンをつける
(でき上がり図参照)
8. (う)のみ、ベルトを作る

●製図　単位＝cm　Z＝着物幅

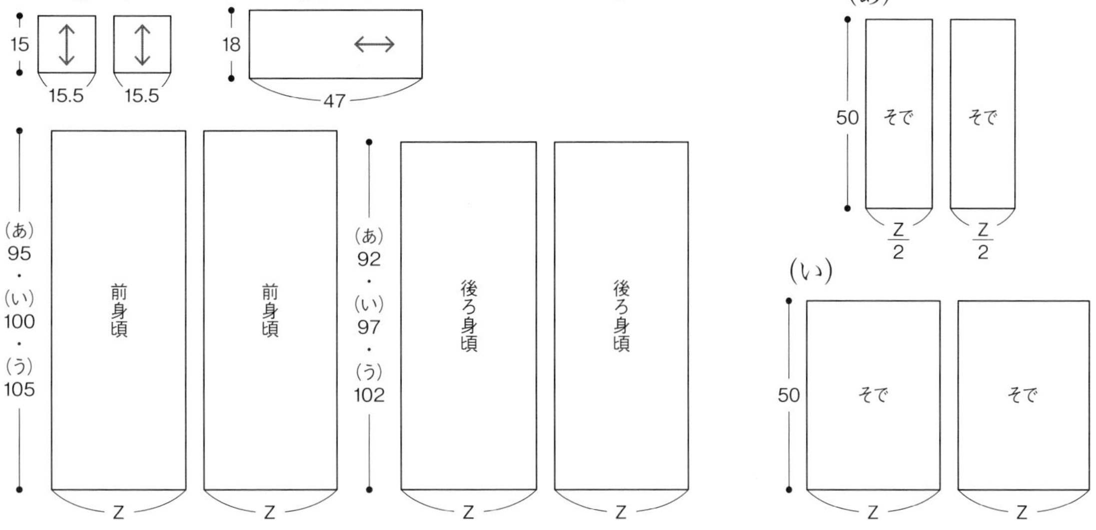

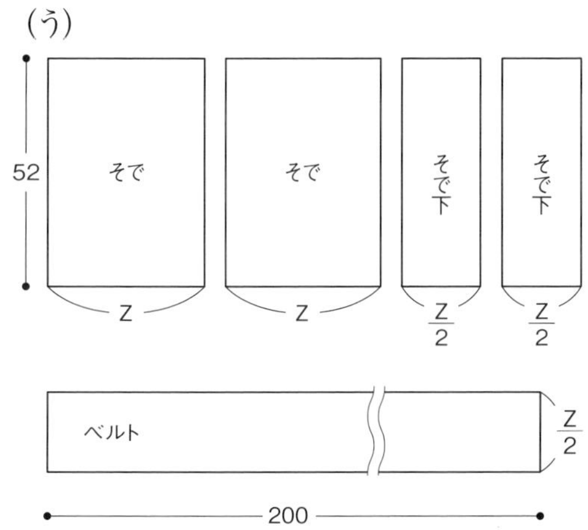

●でき上がり図

ボタンは第一ボタンから9cm間隔で(あ)6個・(い)7個・(う)8個つける

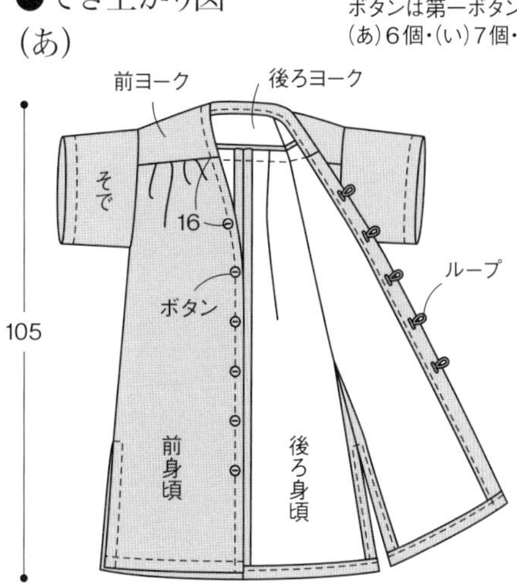

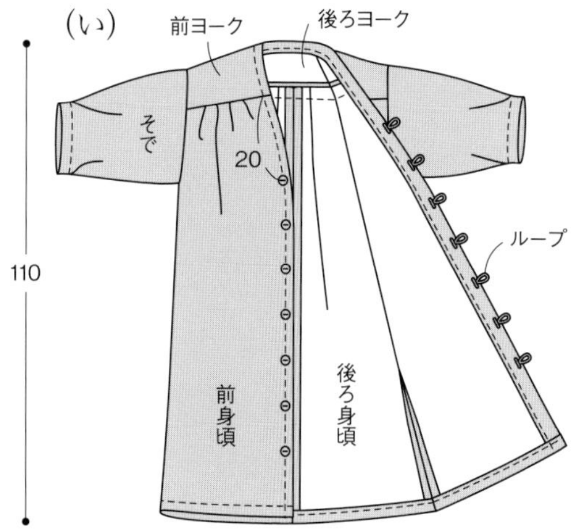

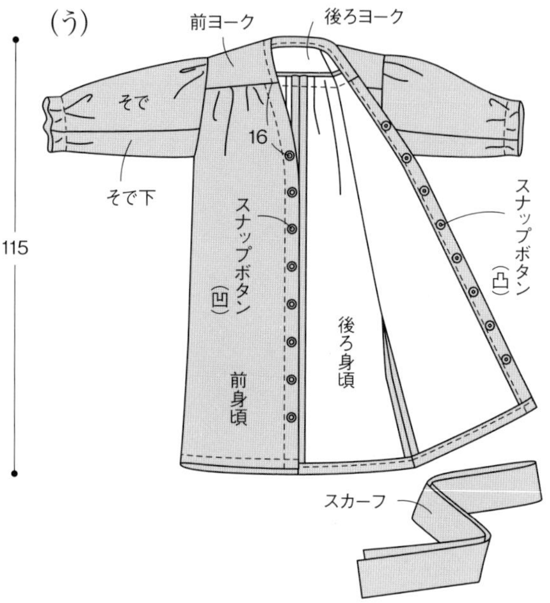

1.前ヨークと前身頃の中央を始末し、縫い合わせる

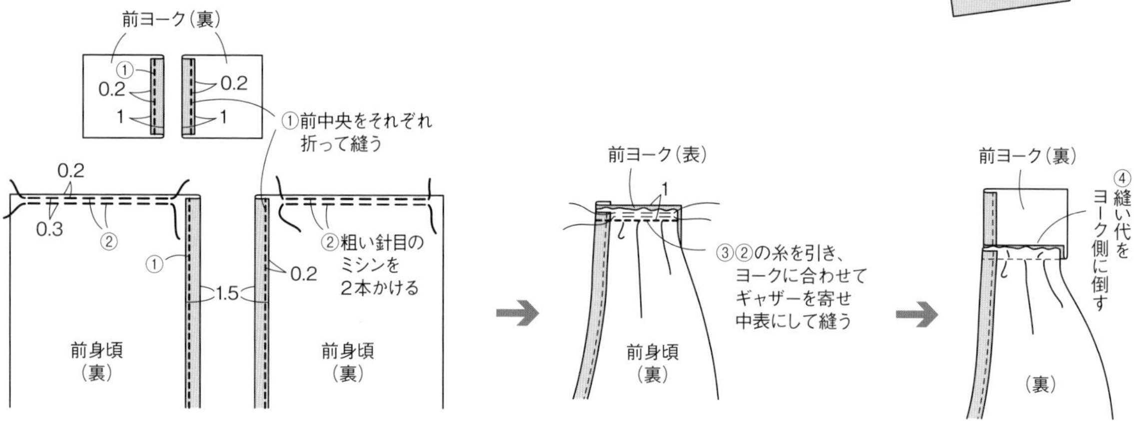

2.後ろ中心を縫って、(あ)(い)はタックを作り、(う)はギャザーを寄せ、後ろヨークと縫い合わせる

(あ)(い)の場合

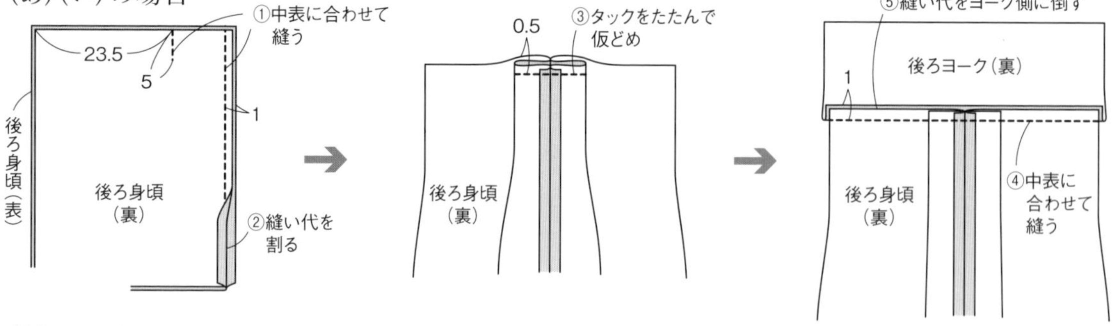

(う)の場合

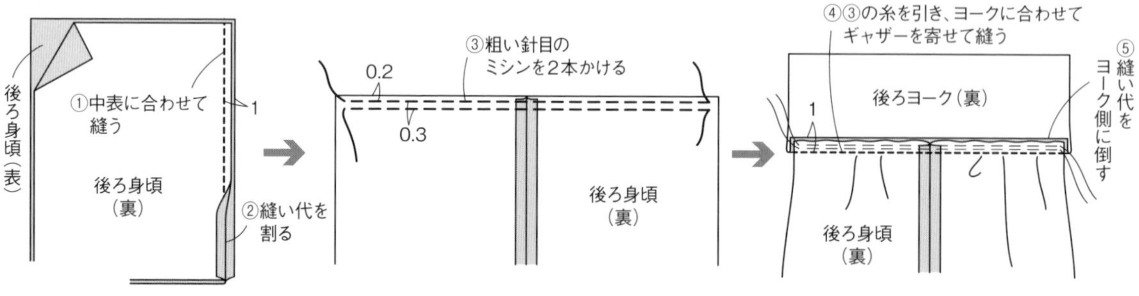

3.肩を縫い、後ろえりぐりを始末する

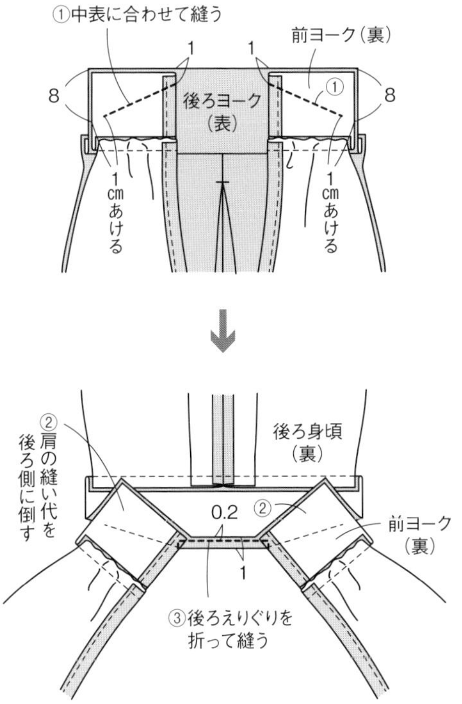

4.そでを作る

（あ）の場合

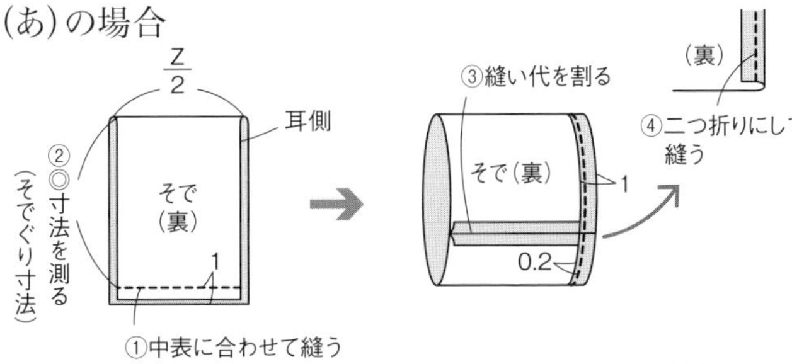

（い）の場合

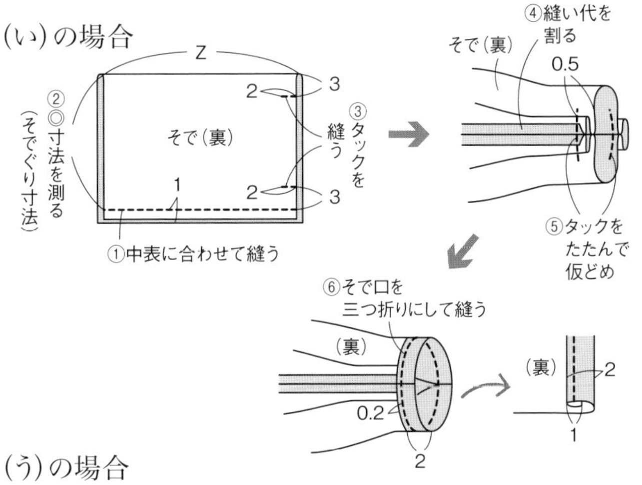

（う）の場合

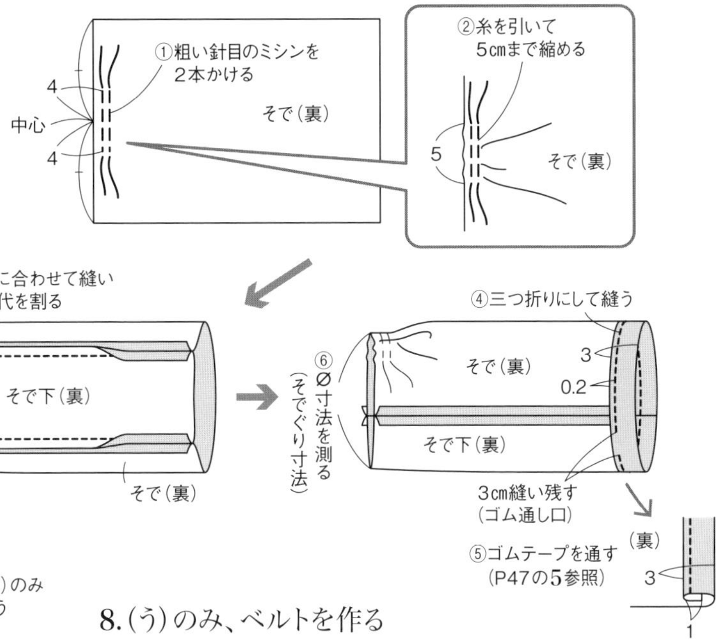

5.脇を縫い、すそを始末する

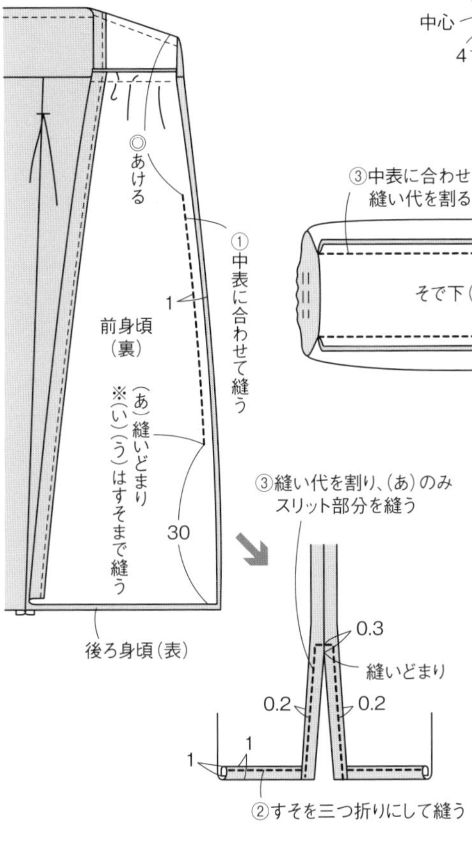

8.（う）のみ、ベルトを作る

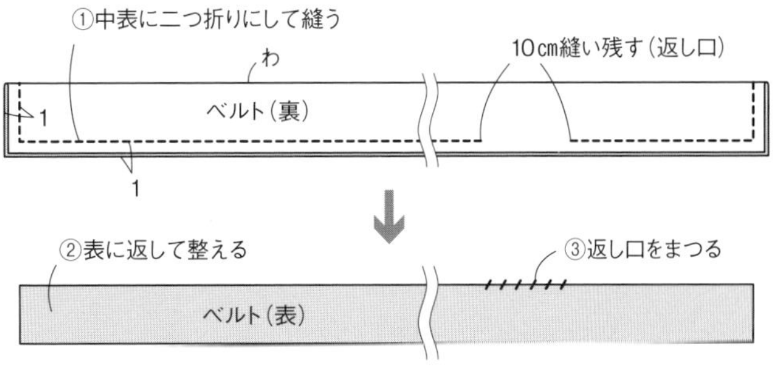

H1 (あ) ギャザードネック & スウィッチング・リボン 作品 P20
H2 (い) ギャザードネック & スウィッチング 作品 P21

H1 (あ)

H2 (い)

材料
着物…1枚
(い)のみ
直径1.2㎝のスナップボタン…7組

胸囲(あ)123.5㎝(い)117cm
[掲載作品(あ)Z＝36㎝(い)Z＝34㎝の場合]

作り方 ＊布端の処理はP31を参照

1 前身頃の中央を始末する
2 後ろ中心を縫う
3 肩を縫い、えりぐりを作る
4 ダーツを縫う(P52の4参照)
5 そでを作る
6 脇を縫う(P54の6参照)
7 そでをつける(P34の6参照)
8 えりを作り、つける
9 スカートを作り、身頃と縫い合わせる
10 (あ)ひもを作り、つける
(い)スナップボタンをつける
(でき上がり図参照)

●製図 単位＝㎝ Z＝着物の布幅

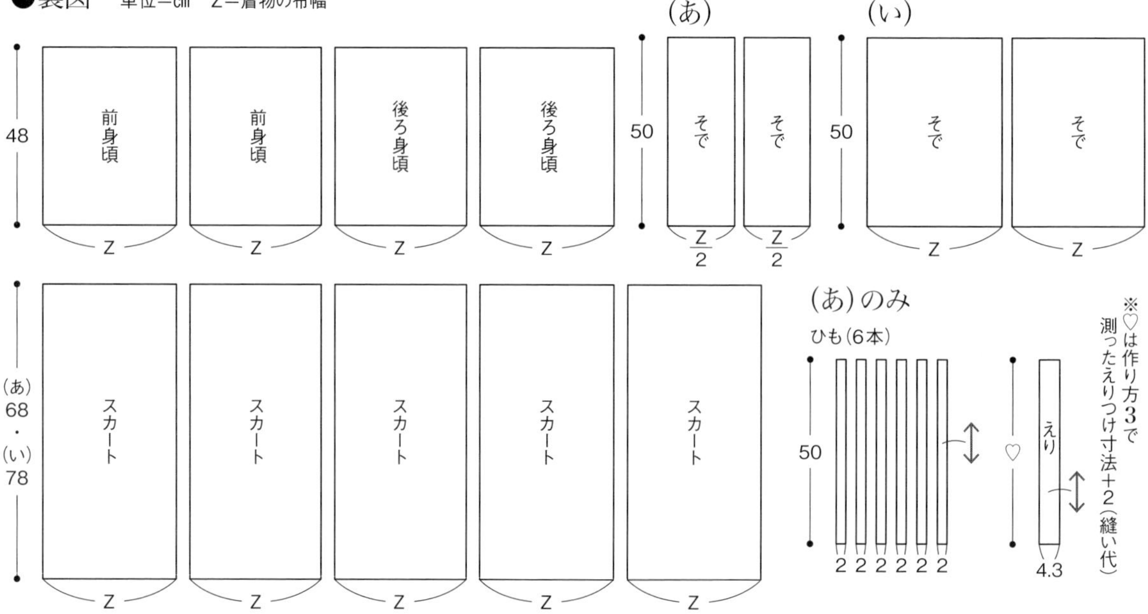

10.ひもを作り、つける

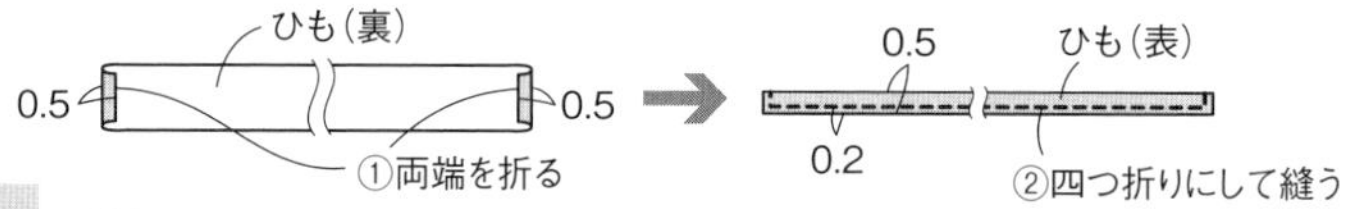

●でき上がり図

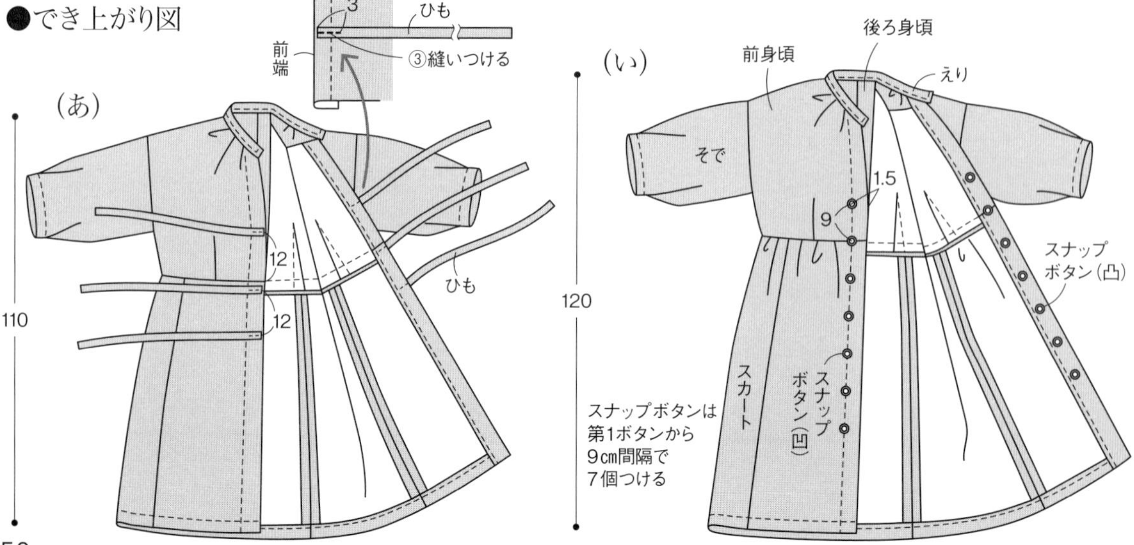

1.前身頃の中央を始末する

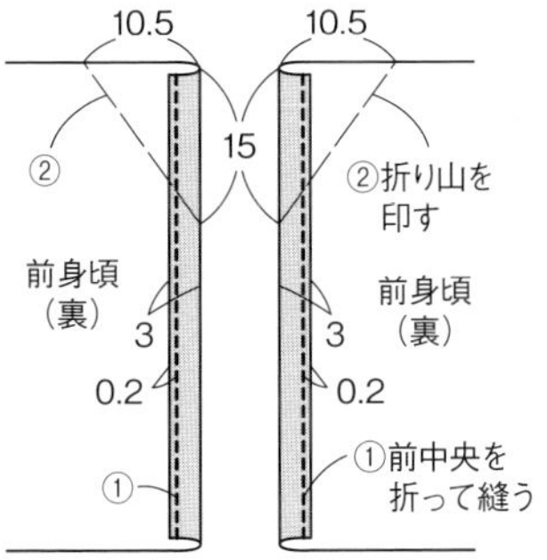

2.後ろ中心を縫う

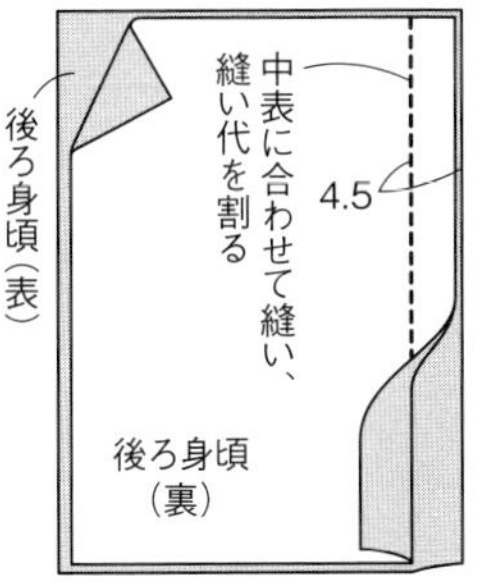

3.肩を縫い、えりぐりを作る

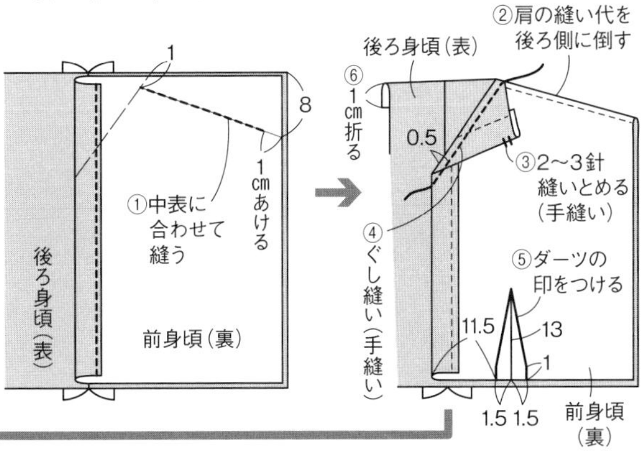

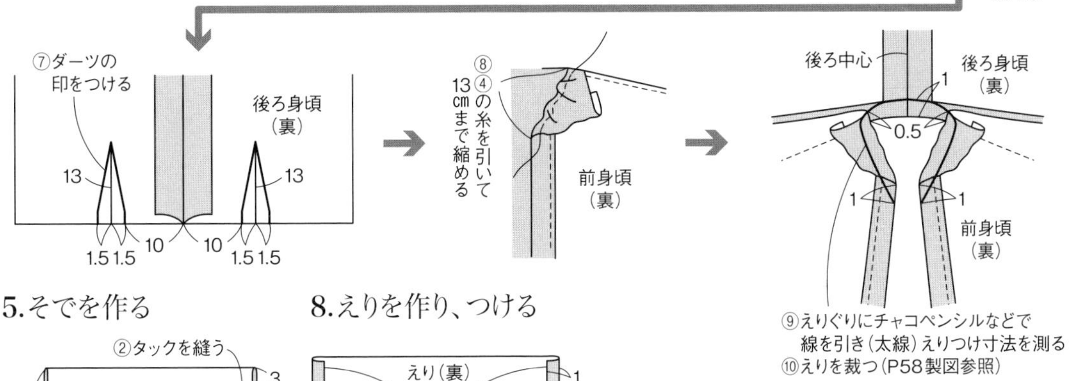

5.そでを作る

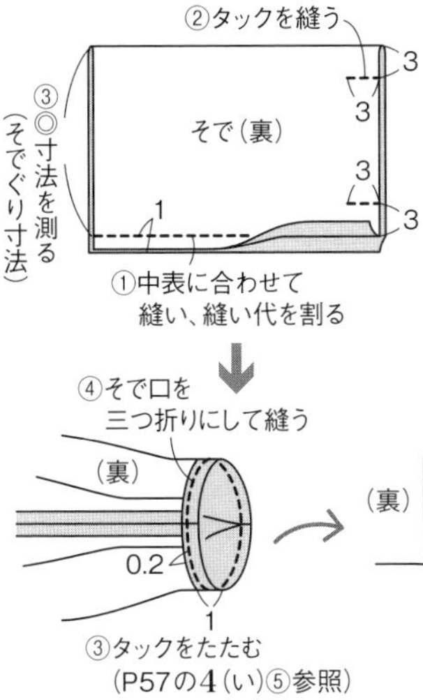

8.えりを作り、つける

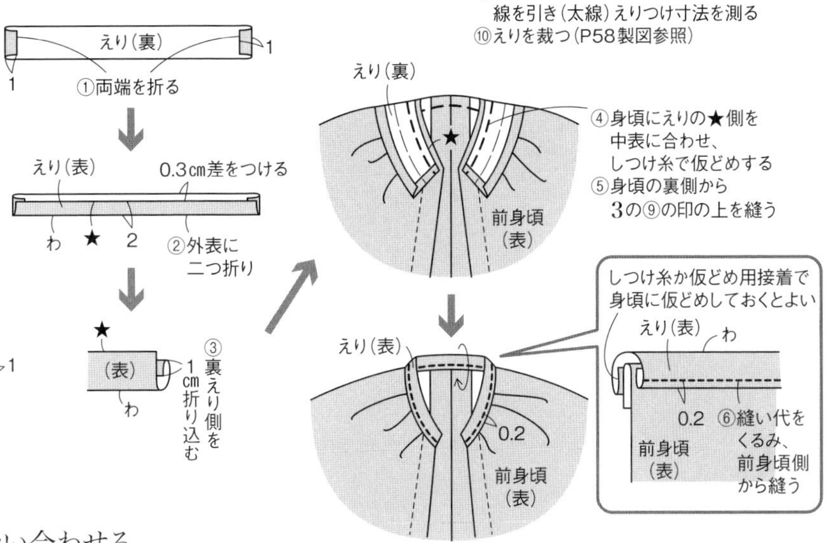

9.スカートを作り、身頃と縫い合わせる

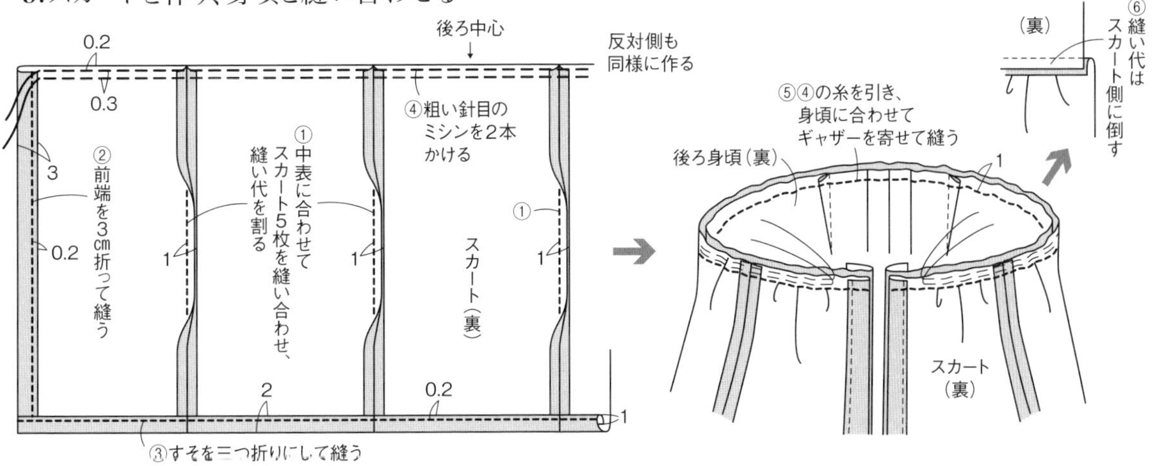

I1 （あ）トップリボン・ギャザードネック 作品＼P22

I2 （い）トップループボタン・ギャザードネック 作品＼P23

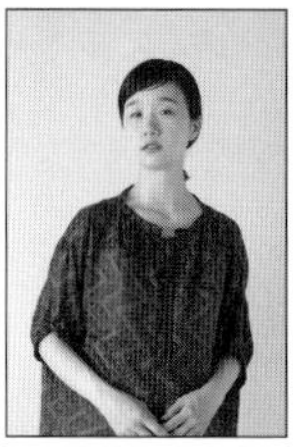

I1（あ）

I2（い）

材料

着物…1枚
（あ）のみ
直径1.2cmのスナップボタン…7組
0.8cm幅のリボン…58cmを2本
（い）のみ
直径1cmのスナップボタン…8組

胸囲132cm
［掲載作品Z＝36cmの場合］

作り方　＊布端の処理はP31を参照

1 前身頃の中央を始末する
2 後ろ中心を縫う
3 肩を縫う
4 えりぐりを縫う
5 そでを作り、カフスと縫い合わせる
6 脇を縫う（P34の5参照）※（い）はスリットあり
7 そでをつける（P34の6参照）
8 えりを作り、つける
9 すそを始末する（P34の7参照）（い）はスリットあり
10 スナップボタンをつけ、（あ）のみ、リボンをつける（でき上がり図参照）

●製図　単位＝cm　Z＝着物の布幅

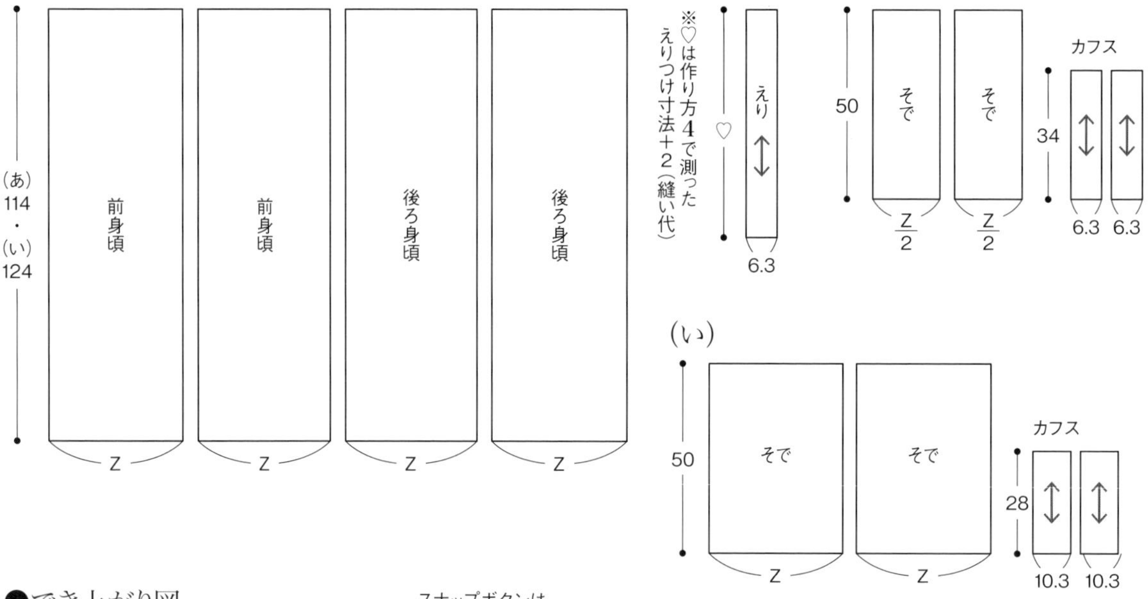

●でき上がり図

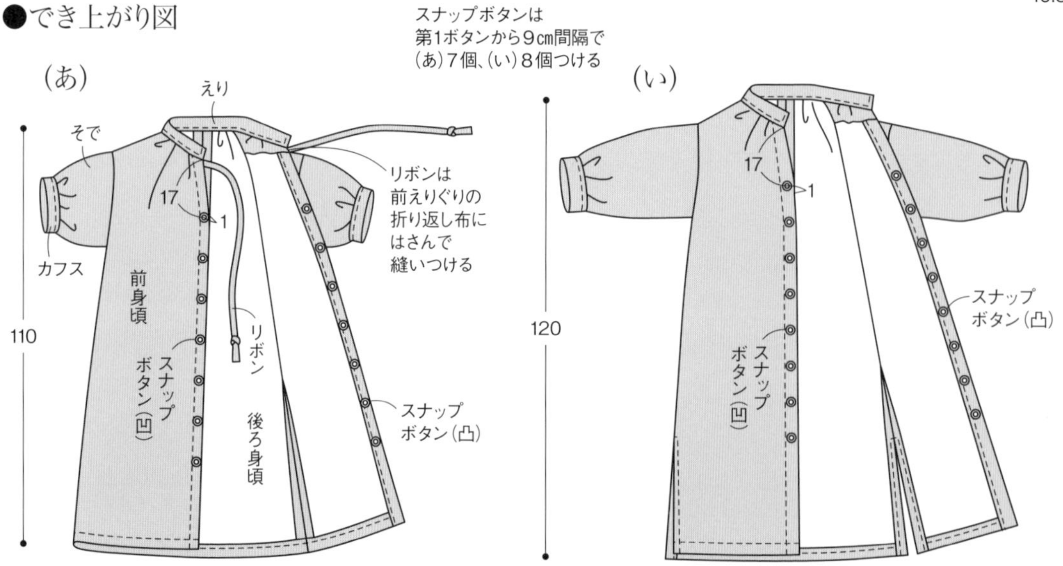

1.前身頃の中央を始末する

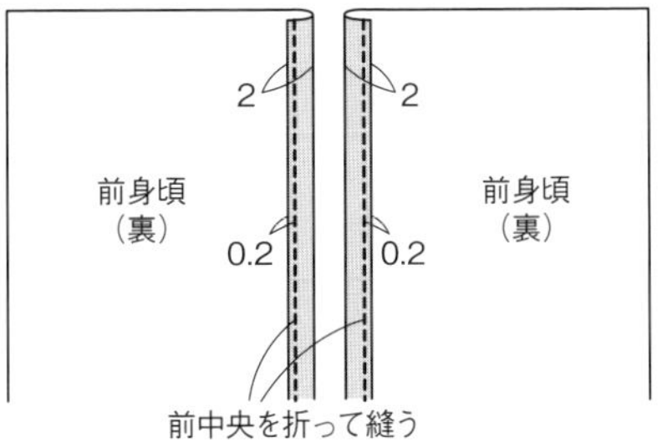

2.後ろ中心を縫う

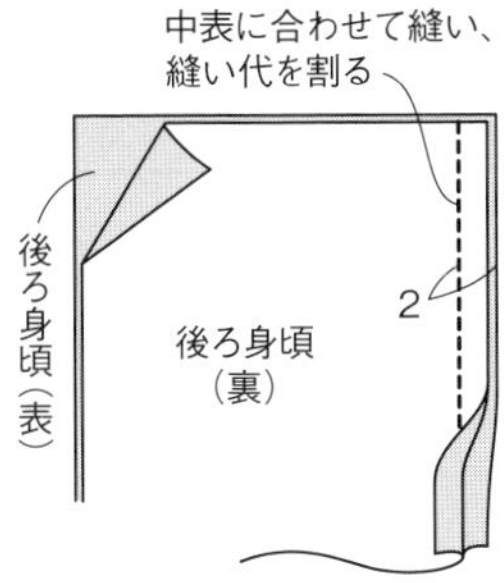

3.肩を縫う

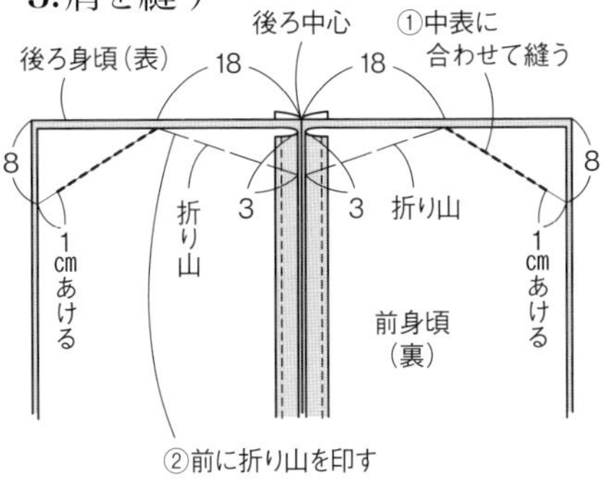

4.えりぐりを縫う

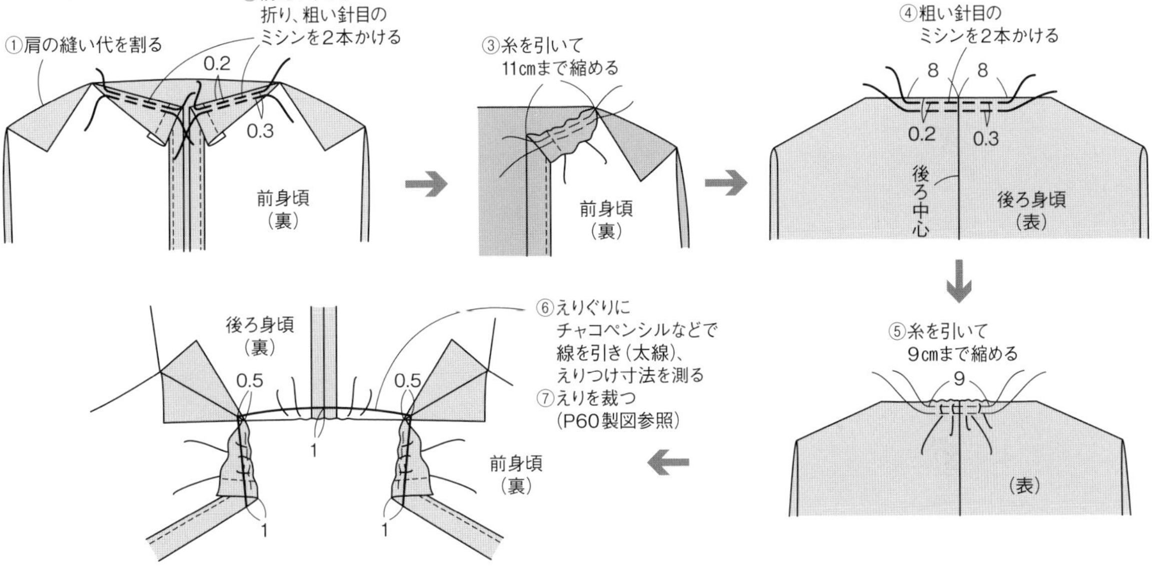

5.そでを作り、カフスと縫い合わせる

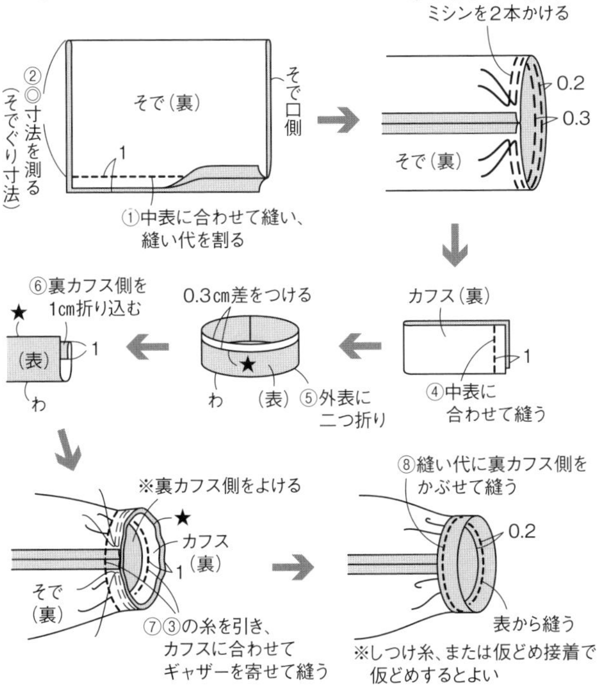

8.えりを作り、つける

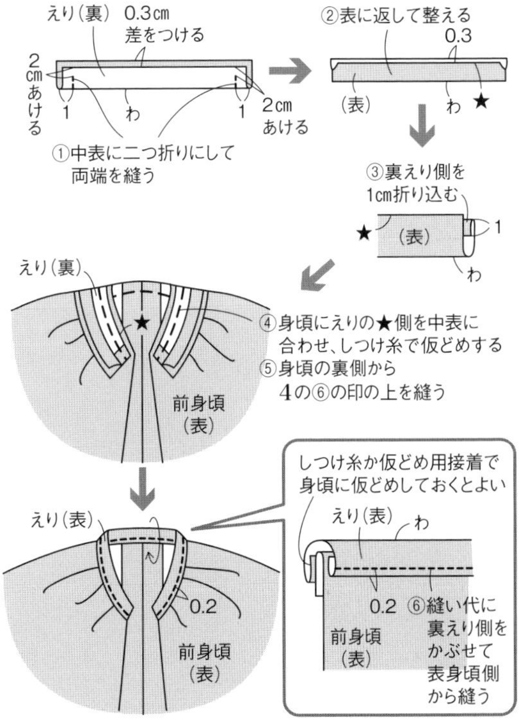

K1 (あ) ティアード シングル

作品＼P28

K2 (い) ティアード ダブル

作品＼P29

K1 (あ)

K2 (い)

材料

着物…1枚
直径1.2cmのスナップボタン…5組
(あ)のみ
直径1.2cmのボタン…3個
内径1.2cmのループ…3個
(い)のみ
直径1cmの足つきボタン…5個
内径1cmのループ…5個

胸囲132cm
［掲載作品Z＝36cmの場合］

作り方　＊布端の処理はP31を参照

1. 前ヨークと前身頃の中央を始末し、縫い合わせる(P56の1参照)
2. 後ろ中心を縫ってギャザーを寄せ、後ろヨークと縫い合わせる(P56の2(う)参照)
3. 肩を縫い、後ろえりぐりを始末する(P57の3参照)
4. そでを作る
5. カフスを作り、つける
6. 脇を縫う(P57の5参照。すそまで縫う)
7. そでをつける(P51の9参照)
8. スカートを作り、身頃と縫い合わせる
9. ループ、ボタン、スナップボタンをつける(でき上がり図参照)

●製図　単位＝cm　Z＝着物の布幅

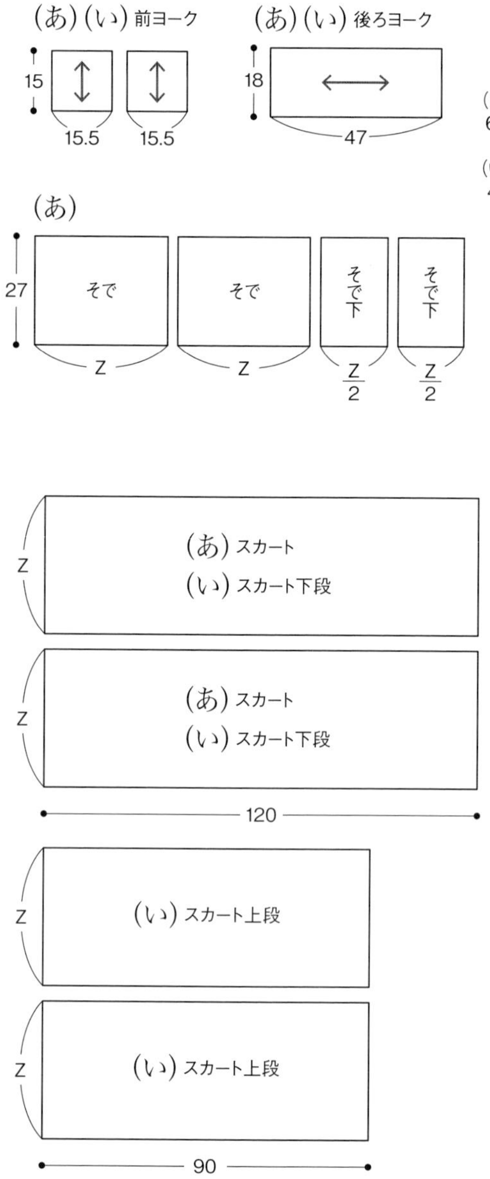

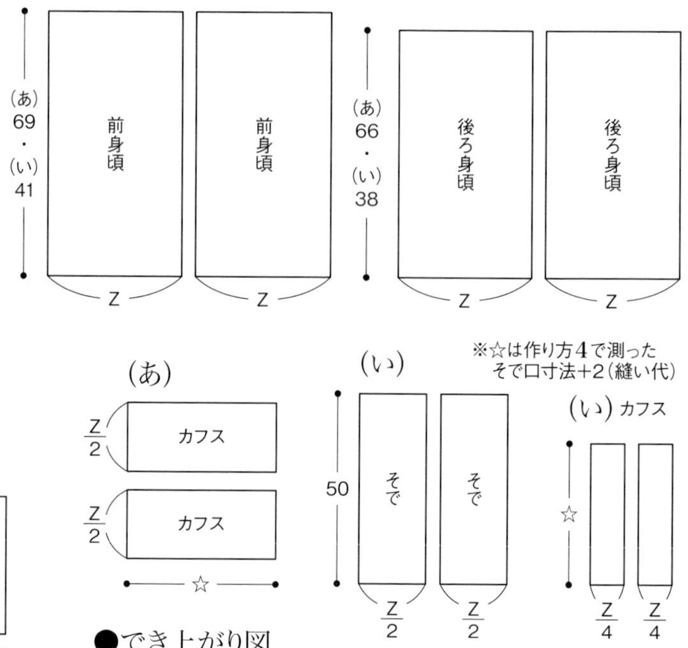

●でき上がり図

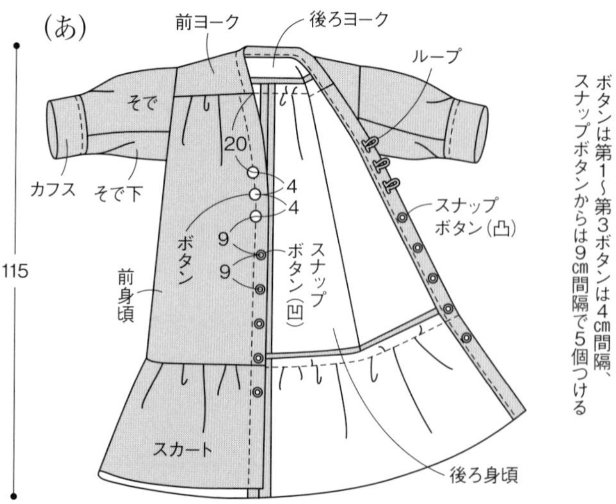

(い)

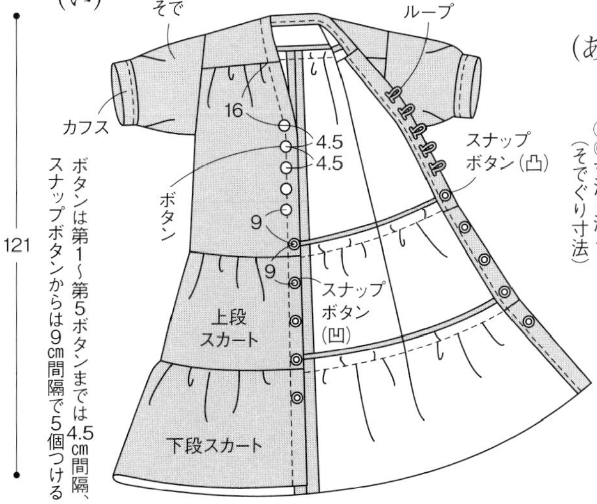

4.そでを作る

(あ)

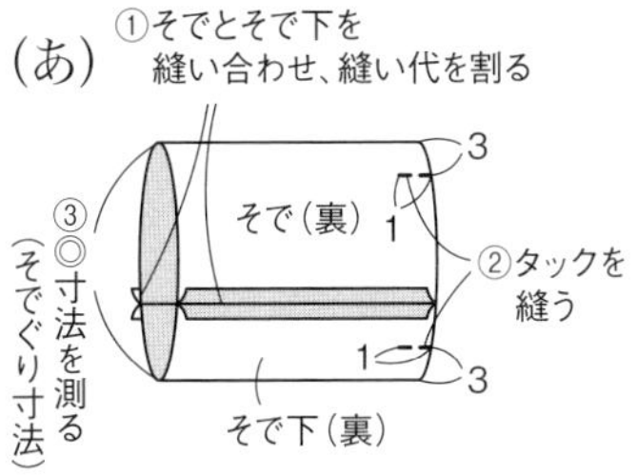

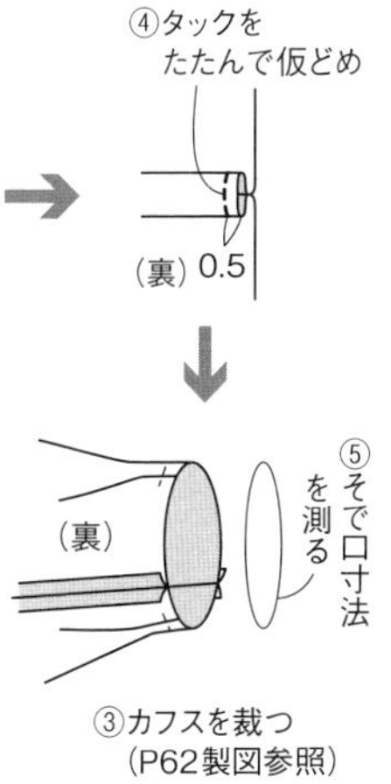

(い) P57の4(い)参照

5.カフスを作り、つける

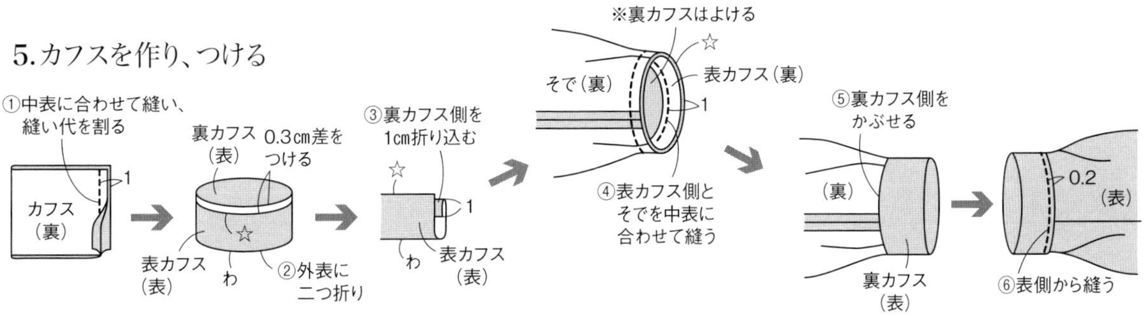

8.スカートを作り、身頃と縫い合わせる

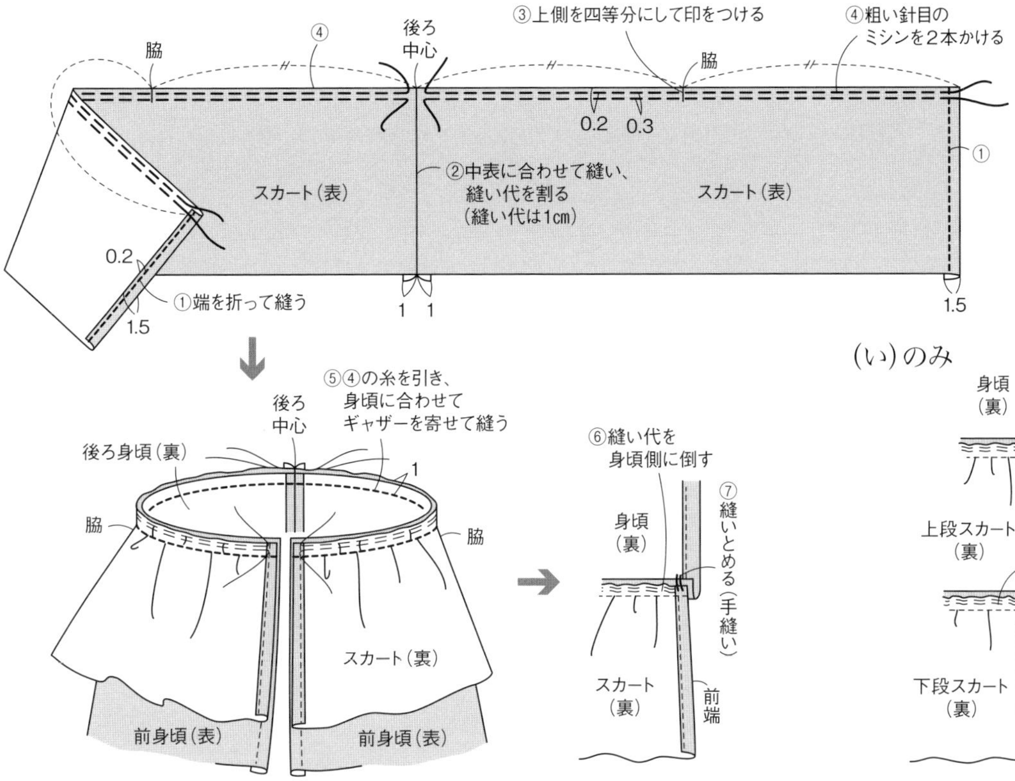

Profile

松下純子

Junko Matsushita
(Wrap Around R.)

神戸出身、大阪在住。大学の文学部を卒業後、水着パタンナーとして就職。2005年にWrap Around R.（ラップアラウンドローブ）を立ち上げ「着物が持つ豊かな柄や素材を、今の暮らしにあったカタチにして提案したい」という思いから、着物の幅を生かした服作りをコンセプトに活動し評判に。現在、テレビや雑誌で活躍中。築90年の町家を再生したアトリエ兼ショールームでは、着物リメイク教室や「暮らしを、継ぐ。」をテーマにさまざまな展覧会、ワークショップを開催している。アトリエ名はRojiroom（ロジルーム）。著書多数。

ホームページ「Wrap Around R.」
http://w-a-robe.com/
教室の日程、展覧会の情報などはこちら。

協力	Saladday coffee（サラダデイ コーヒー） 〒110-0016 東京都台東区台東1丁目23－9 山田ビル1F https://www.instagram.com/saladdaycoffee/

Staff

ブックデザイン	釜内由紀江、石川幸彦（GRiD）
撮影	下村しのぶ（カナリアフォトスタジオ）
スタイリング	池水陽子
ヘアメイク	AKI
モデル	tara
製図と作り方原稿	網田洋子
編集協力	岡田範子
校正	ケイズオフィス
トレース	松尾容巳子
縫製アシスタント	清水真弓、阪本真美子、入野佳代子
編集	斯波朝子（オフィスCuddle）

型紙いらずの着物リメイク
2Way 楽しめるシャツワンピース

2021年12月20日　初版印刷
2021年12月30日　初版発行

著者	松下純子
発行者	小野寺優
発行所	株式会社河出書房新社 〒151-0051 東京都渋谷区千駄ヶ谷2-32-2 電話　03-3404-1201（営業） 　　　03-3404-8611（編集） https://www.kawade.co.jp/

印刷・製本　図書印刷株式会社

Printed in Japan
ISBN978-4-309-28940-3